Frankfurter Aufbau AG

An unsere Freunde, Partner und Mitarbeiter

In den 90 Jahren ihrer Geschichte blieb die Aufgabe der Frankfurter Aufbau AG unverändert: die Mitgestaltung der Stadt Frankfurt.

Unsere Geschichte begann 1901 mit der Planung, Erschließung und dem Bau der Wohnungen in der Frankenallee.

50 Jahre später war der Wiederaufbau Frankfurts auch für die Gesellschaft die herausragende Herausforderung, dann die Erschließung der Nordweststadt, der Bau des Flughafens Frankfurt am Main und der Ausbau der Messe Frankfurt in ihrer Entwicklung bis heute, der Wiederaufbau der Alten Oper als Konzert- und Kongreßhaus, die Museen, Schulen, Kliniken, Straßen, Bäder, Bürogebäude, Wohnungen und so vieles mehr.

So ist Frankfurt, diese Stadt, in dieser Gestalt, mit diesen Entwicklungen und Chancen, mit dieser Dynamik, auch der Dynamik der ständigen Veränderungen, mit ihren gebauten Irrtümern, mit ihrer Geschichte, die mitgestaltete und gleichzeitig die miterlebte Geschichte auch unserer Gesellschaft und ihrer Mitarbeiter.

Neue, offenere Leitbilder einer Stadtentwicklung und nicht nur einer Stadtplanung, werden die Aufgaben und damit die Entwicklungen in unseren Städten und damit auch der Stadt Frankfurt am Main in Zukunft prägen. In diesen Entwicklungen bleibt Frankfurt unsere Aufgabe.

Das aus Vorträgen und Diskussionen entstandene Buch „Leitbilder und Mythen der Stadtplanung 1945–1985“ von Hans-Reiner Müller-Raemisch hat einen wichtigen Beitrag zur Bestimmung des Standortes in der Stadtplanung, besser, in der Stadtentwicklung heute geleistet. Hier ist Geschichte aufgearbeitet, der wir uns nicht aus Tradition, sondern aus Verantwortung für die Zukunft immer wieder vergewissern müssen.

Aus diesem Grunde haben wir uns entschlossen, die Veröffentlichung dieses Vergewisserungsbuches zu fördern. Eines Buches, das nicht nur uns, sondern Ihnen allen, unseren Partnern, Freunden und Mitarbeitern gleichzeitig auch als eine eigene Ortsbestimmung aus der Sicht der Stadtplanung dienen kann.

Wolff Schmitt

Hans-Reiner Müller-Raemisch

Leitbilder und Mythen in der Stadtplanung 1945–1985

Vier Vorträge mit Korreferaten von Hanns Adrian, Werner Durth, Hubert Hoffmann, Josef Lehmbrock, Hans-Peter Schwarz und einem Vorwort von Gerd Albers

Verlag Waldemar Kramer

CIP-Titelaufnahme der Deutschen Bibliothek

Leitbilder und Mythen in der Stadtplanung 1945–1985;
Vorträge / Hans-Reiner Müller-Raemisch.
Mit Korreferaten von Hanns Adrian . . . u.e. Vorw.
von Gerd Albers. — Frankfurt am Main: Kramer, 1990
ISBN 3-7829-0397-8
NE: Müller-Raemisch, Hans-Reiner [Mitverf.]

ISBN 3-7829-0397-8

Umschlaggestaltung nach einer Zeichnung von Adolfo Natalini, Florenz.

Gesamtherstellung: W. Kramer & Co. Druckerei-GmbH, Frankfurt am Main

Inhalt

Vorwort

Von Gerd Albers

Wer die Entwicklung der Stadtplanung seit dem Zweiten Weltkrieg verfolgen und verstehen will, wird sich nicht allein mit ihren sichtbaren Ergebnissen, mit Bauformen und Nutzungsstrukturen beschäftigen können. Es würde ihm kaum gelingen, zwischen der Vielfalt der Erscheinungen einen Zusammenhang herzustellen, wenn er nicht zugleich den ihnen zugrundeliegenden Gedanken, Regeln und Modellvorstellungen nachginge. Und auch hier würde er zu kurz greifen, wenn er sich auf die gleichsam handwerklichen Aspekte, auf Regeln der räumlichen Zuordnung und der Gestaltung oder auf Gesetzesvorschriften beschränkte. Auch sie nämlich werden erst verständlich, wenn man sich dessen bewußt wird, daß hinter alledem Ideen, Wert- und Zielvorstellungen einer wünschenswerten Lebensumwelt stehen, einer „Stadt, in der wir leben wollen", wie der Titel eines Buches aus den fünfziger Jahren lautet.

Das könnte das Untersuchungsfeld eines Historikers ein, der den geistigen Strömungen der Zeitgeschichte nachgeht — aber es muß natürlich auch den Stadtplaner interessieren, der sich seines Standorts vergewissern, sich nicht vom Alltagsgeschäft und vom tagespolitischen Hickhack der Stadtplanung den Blick für die größeren Zusammenhänge verstellen lassen will, in denen seine Arbeit steht.

Hans-Reiner Müller-Raemisch vereinigt in seinem Wirken praktische Erfahrungen und wissenschaftliche Tätigkeit. Nach Abschluß seines Studiums hat er fast vier Jahrzehnte lang in Hamburg und in Frankfurt auch als Architekt, aber in erster Linie als Planer gewirkt, davon 20 Jahre als Leiter der Stadtplanung und der Stadtentwicklung in Frankfurt am Main. In dieser Zeit hat er umfangreiche theoretisch-wissenschaftliche Studien nicht nur über sein engeres Arbeitsgebiet, sondern auch über allgemeinere Aspekte der planerischen Arbeit betrieben und in Berichte, Artikel und Vorträge umgesetzt. Sein praktisches Wirken im Städtebau hat ihn nicht daran gehindert, zugleich aus kritischer Distanz die Entwicklung der städtebaulichen Leitvorstellungen zu verfolgen und zu kommentieren. Der vorliegende Band legt davon Zeugnis ab.

Er gründet sich auf eine Reihe von Vorträgen des Verfassers, zu denen jeweils Zeitzeugen und Experten eingeladen waren; daß deren Äußerungen mit in das Buch einbezogen wurden, macht das Bild der Zeit noch plastischer. Hinzu kommt, daß diese Ergänzungen sehr unterschiedlicher Art sind und vom dogmatisch-strengen Urteil über den lebendigen Erlebnisbericht bis zur philosophisch-analytischen Deutung der Zeitströmungen reichen.

Der Verfasser nennt jene Grundvorstellungen, aus denen die konkrete Planung ihre Überzeugungen von dem schöpft, was richtig und was falsch sei, Mythen — gewiß ein anspruchsvoller Begriff, aber er begründet dessen Gebrauch mit einer lexikalischen Definition, die tatsächlich der Wirkungsweise solcher Grundvorstellungen nahekommt: „. . . nicht beweisbare, aber für Sinninterpretation und Lebensorientierung mit Wahrheitsanspruch versehene Aussage".

Ein genauerer Blick auf jene „Mythen" enthüllt allerdings deutliche Wesensunterschiede. So war das Leitbild der fünfziger Jahre, die „gegliederte und aufgelockerte Stadt", ein in sich schlüssiges Modell für ein Stadtgefüge, das sich verschiedensten Größenordnungen anpassen ließ. Von der Differenzierung der Zentren bis zur Ausschließung des Durchgangsverkehr aus den „Nachbarschaftseinheiten" enthielt es eine Reihe rationaler und noch heute weiterwirkender Ansätze, während die quantitativen Regeln angesichts der raschen Veränderungen von Bevölkerungsstruktur und Wirtschaftsentwicklung sehr bald unbrauchbar wurden und die Erwartungen, die in die gemeinschaftsbildende Wirkung der Nachbarschaftseinheit gesetzt wurden, sich als „Sozialromantik" erwiesen.

Zu solcher das ganze Stadtgebiet umfassenden Modellvorstellung hat es die „verdichtete und verflochtene Stadt" schon nicht mehr gebracht; hier wurden Teilmodelle für „Urbanitätszonen" entwickelt, hinter denen ein undefiniertes Niemandsland lag — und die nachfolgenden „Mythen" entfernen sich noch weiter von einer raumbezogenen Darstellung. Während nämlich „Gliederung und Auflockerung" ebenso wie „Verdichtung und Verflechtung" noch auf ein physisch faßbares Modell des Stadtgefüges zielten, richteten sich „Partizipation" und „Verwissenschaftlichung" auf den Planungsprozeß, auf Methodik und Verfahren der Planung. Konkrete Zielvorstellungen waren nicht mehr gefragt — „der Weg ist die Lösung“ heißt die von Hanns Adrian zitierte Parole.

Wiederum anderer Art ist der Mythos der ökologischen Stadt — er postuliert einfach eine neue Priorität. Welche konkreten Stadtstrukturen und Gestaltungen dieser Priorität entsprechen, läßt er bisher offen; hier liegt der „Wahrheitsanspruch“ in dem Axiom, daß nur die vorrangige Berücksichtigung ökologischer Gesichtspunkte der Stadt eine Zukunft sichern könne.

Am wenigsten faßbar ist offenbar der „Mythos“ der postmodernen Stadt; denn unter diesem Stichwort gibt es die verschiedenartigsten inhaltlichen Facetten, allein zusammengehalten durch die Antithese zur Moderne. Bekenntnisse zur geschichtlich begründeten Pluralität der Stadt — etwa zur „Collage City“ — stehen neben pseudohistorischen Nostalgieprodukten; der Anspruch an die Autonomie der Architektur in der Stadt ignoriert mühsam gelernte Lektionen interdisziplinärer Zusammenarbeit im Städtebau. Wenn es gelingt, der Postmoderne sinnvolle Beiträge zur Stadtentwicklung abzugewinnen, so gewiß nicht durch die Addition postmoderner Architekturen; bei manchen Illustrationen architektonischer Phantasien muß sich eher der Gedanke aufdrängen, es handele sich um eine Art Eskapismus — um Fluchtutopien, durch deren Kultivierung man sich der Auseinandersetzung mit den wirklichen Problemen unserer Städte entziehen möchte.

Gewiß wirkt in allen diesen „Mythen“ ein utopisches Element, das ja zumindest seit den Idealstädten der Renaissance immer wieder in Modellvorstellungen für die erstrebenswerte Umwelt auftaucht und sie meist mit gesellschaftlichen Zielen verknüpft. Hinter ihnen steht ein Stück Ideologie — daß und wie Struktur und Gestalt der gebauten Umwelt auf das Wohlbefinden der Menschen einwirken. Sie kann den Verfechtern solcher Ideen eine Art Sendungsbewußtsein verleihen, und so ist der Verdacht der Sozialwissenschaftler auf „Umweltdeterminismus“ oder „Sozialmontage“ ebenso verständlich wie die Warnung des amerikanischen Theologen Reinhold Niebuhr vor der „salvation through bricks“, der Erlösung durch Ziegelsteine. Gleichwohl ist dieser Gedanke keine Erfindung der Architekten und Planer: Dichter und Wissenschaftler wie Goethe und Emerson, Geddes und Mannheim sind dafür

Zeugen — bis hin zu Heinrich Zilles bekanntem Ausspruch, daß man einen Menschen mit einer Wohnung so gut totschlagen könne wie mit einer Axt.

Dieses ideologische Element mag einen Schlüssel für die Wechsel der „Mythen" bieten: Planung als Einflußnahme auf die reale Entwicklung ist angewiesen auf unser Wissen über Wirkungszusammenhänge, und die Lücken dieses Wissens werden seit jeher durch plausibel erscheinende Annahmen gefüllt. Kenntnisse und Annahmen über die Zusammenhänge gehen in eine Modellvorstellung ein, deren Komplexität weit hinter den wirklichen Verhältnissen zurückbleibt. So arbeiten wir in unseren planerischen Überlegungen immer mit einem reduzierten Modell der Wirklichkeit, dessen Mängel dazu führen, daß die Ergebnisse unseren Erwartungen nicht entsprechen. Offenbar sind es die jeweils daraus erwachsenden Enttäuschungen, die zur Abkehr vom bisherigen und zur Hinwendung zu einem neuen Modell, einem neuen „Mythos" führen — und zu dem Glauben, nunmehr einen besseren Schlüssel zur Wirklichkeit zu besitzen, während man in Wahrheit nur die Defizite neu verteilt.

Was kann aus solchen Einsichten abgeleitet werden? Eine kritischere Haltung gegenüber dem jeweiligen Zeitgeist und seinen modischen Übertreibungen; mehr Bescheidenheit hinsichtlich dessen, was an Rationalität und Ordnung erreicht werden kann — nicht aber eine Resignation gegenüber dem Ziel, die Stadt als einen den Bedürfnissen des Menschen und der Gesellschaft angemessenen Lebensraum weiter zu entwickeln und zu gestalten.

Leitbilder und Mythen

Von H.-R. Müller-Raemisch

Vierzig Jahre Stadtplanung seit dem Krieg, das ist keine kontinuierliche Entwicklung, das sind Sprünge und Brüche. Aber es ist auch eine nicht nur vom Quantitativen und Organisatorischen her beachtliche Leistung. Leistung nun nicht etwa wegen der besonderen Schönheit des Gebauten und schon gar nicht wegen einer besonderen Sozialverträglichkeit unserer Städte.

Ich behaupte, es ist aber doch eine Leistung der Gesellschaft im Geistigen, die sich in einer doch vorhandenen und funktionierenden demokratischen Erneuerungskraft immer wieder bemerkbar macht. Sie hat ihr Verdienst darin, daß sie auf die jeweils sichtbar werdenden Fehlentwicklungen reagieren und die Richtungen der Entwicklung immer noch rechtzeitig korrigieren konnte. Und auch im Rückblick auf einen vermeintlichen Zickzack-Kurs gibt sie wenigstens einen Beweis ihrer Lebendigkeit und einer im Großen funktionierenden gesellschaftlichen Wandlungsfähigkeit, wenn ihre Ergebnisse oft auch nur unter heftigen Kämpfen zustande kommen konnten.

Gerade die vermeintlichen Brüche und Sprünge in der Entwicklung der Stadtplanung haben auch jeweils ihren sehr konkreten Hintergrund; sie sind zum größten Teil aus den Notwendigkeiten der Entwicklung entstanden, und die offensichtlichen Richtungsänderungen verliefen eben doch nicht nur willkürlich, sondern waren in den Kontext der übrigen Entwicklung eingebunden.

Damit wird nicht geleugnet, daß gerade in der Ausschließlichkeit, in der nachher jedes dieser neuen Leitbilder gewirkt hat, eben doch etwas Irrationales steckt, ja daß diese Ausschließlichkeit etwas von einem Mythos hat, der die jeweilige Epoche bestimmt. Und daher erklärt sich auch der Doppeltitel in der Überschrift meines Themas „Leitbilder und Mythen".

Frappierend ist nun der rasche Wechsel solcher Mythen in der Stadtplanung seit dem Krieg. Da werden scheinbar unumstößliche Grundsätze der Planung von heute schon morgen über Bord geworfen, da werden Pläne von Siedlungen in wenigen Jahren umgestoßen und nach neuen, anderen Entwurfsschemata zu Ende gebaut. So gesehen werden wir uns doch von der unserem Harmoniebedürfnis so wohltuenden Vorstellung einer Entelechie, einer voraussehbaren Zweckbestimmung der Geschichte, verabschieden müssen.

Ich bemühe mich nun, nach soviel allgemein Mythischem wieder den festen Boden der Wissenschaft unter die Füße zu kriegen, und ich zitiere für die Definition des Begriffes *Mythos* das Soziologische Wörterbuch von Günter Hartfiel. Dort findet sich u.a.:

— Mythos (griech.) ist ein zentraler Bestandteil aller Kulturen als *nicht beweisbare* aber für Sinninterpretation und Lebensorientierung mit *Wahrheitsanspruch* versehene Aussage.

— Der Mythos kann infolge seiner gefühlsmäßig-unreflektierten Verankerung im stärkeren Maß als eine intellektuelle Erkenntnis eine größere Zahl von Menschen . . . festigen und koordinieren.

Wir sollten diese Definition uns noch einmal auf der Zunge zergehen lassen: „nicht beweisbar, aber mit Wahrheitsanspruch".

Wenn wir es so sehen, meine ich, ist es eine gute Definition für das halbe Dutzend von Brüchen und Paradigmenwechseln, denen wir uns in den letzten 40 Jahren in der Stadtplanung ausgesetzt gesehen haben.

Denn solche Mythen haben in der Tat nur für jeweils etwa ein Jahrzehnt die Entwicklung bestimmt. Dann hat ein neuer Mythos den obsolet gewordenen alten abgelöst und mit neuen Heilsversprechungen eine neue Entwicklung eingeleitet. Bis diese wieder aus dem gesellschaftlichen und wirtschaftlichen Kontext heraus nicht mehr tragbar erschien.

Ehe wir die Anwendung der Mythen als epochebildende Elemente im Städtebau betrachten, noch einige Kernsätze zu ihrem Charakter:

— Stadtplanerische Mythen sind in der Erkenntnis der *gesamten* Wahrheit ebenso beschränkt wie alle anderen unserer analytischen und mathematischen Modelle auch. Nur ist ihre Überzeugungskraft auf die Mehrzahl der Menschen offenbar viel stärker.

— Der Wahrheitsanspruch von Mythen ist immer absolut. Ihre Dogmen schließen einander aus. Trotzdem müssen sie im Städtebau zumindest eine Zeitlang nebeneinander her existieren, schon weil Planungen nicht von heute auf morgen verwirklicht sind und weil Ablösungsprozesse selbst im Zeitalter der perfekten Medienkommunikation eine Weile dauern.

— Mythen unterliegen offenbar der Reinkarnation. Sie tauchen zuweilen für eine Zeitlang unter und erscheinen nach einigen Jahrzehnten wieder als ganz neue und unumstößliche Wahrheit. So feiert die Formenwelt des ausgehenden 19. Jahrhunderts in Architektur und Städtebau gerade heute wieder ihre fröhliche Urständ.

— Mythen leben auch nach ihrem offiziellen Hinscheiden — oder ihrer Hinrichtung durch die Medien — im real existierenden Urbanismus noch eine ganze Zeitlang weiter, ohne daß dies von der offiziellen Richtung der Planung zur Kenntnis genommen wird.

Versuchen wir nun also eine Interpretation unserer inzwischen schon anerkannten Geschichtsepochen[1] des neueren Städtebaus mit Hilfe unserer Mythen. Ich glaube, wir können sie unschwer wiedererkennen: So beginnt schon bald nach 1945:

1) Zu diesem Komplex s.
Albers, G. u. Papageorgiou-Venetas, A.
Stadtplanung, Entwicklungslinien
1945—1980
Tübingen 1984

1. Der Kampf zwischen den Mythen der „Traditionellen Stadt" und der „Modernen Stadt"

Da waren nach dem Krieg die zunächst scheinbar unversöhnlichen Gegensätze zwischen der traditionellen und der modernen Schule, die in Auseinandersetzungen um den Wiederaufbau des Goethehauses in Frankfurt oder die Bauform des ersten deutschen Bundestages in der Architektur sichtbar wurden. In der Stadtplanung findet sich entsprechendes z.B. in den Plänen des Planungskollektivs für Berlin 1946 und in ihren Gegenplänen von Bonatz 1947. Oder in den Aufbauplänen der französisch besetzten Zone für Mainz und Saarbrücken und im Gegengutachten von Schmitthenner für Mainz.

Man war sich zwischen den „Schulen" eigentlich nur insoweit einig, daß die Stadt des 19. Jahrhunderts mit ihren engen Hinterhöfen und ihren „ungesunden" Bauformen nicht wiederauferstehen dürfte. Aber schon bei der Frage „Baublock oder Zeile" gingen die Meinungen auseinander: der Block mit der alten Korridorstraße war die Sache der Traditionalisten, der Zeilenbau mit dem „fließenden Raum" die der Modernen.

Die Wiederaufbauwettbewerbe der späten vierziger Jahre in vielen deutschen Städten zeigten fast alle noch die Vorherrschaft des traditionellen Baublocks. Nur einige „Außenseiter" waren kühn genug, an die Möglichkeit einer völligen Neuordnung des Bodens zu glauben und entwarfen eben „moderne" Innenstädte mit Wohnungszeilen und freien Hausgruppierungen ohne Rücksicht auf die Grundstücksgrenzen. Immerhin hatte es schon während des Krieges etwa in Rotterdam die Möglichkeiten einer dazu notwendigen umfassenden Bodenordnung gegeben. Die politische und rechtliche Entwicklung in der Bundesrepublik, aber auch, wie es in Mainz und Saarbrücken besonders deutlich wurde, der Wille einer sehr traditionsbewußten Bevölkerung und eines sehr selbstbewußten Grundeigentums ließ dann die Verwirklichung solcher Projekte nicht mehr zu.

Die beiden Mythen Moderne und Traditionalismus bekämpften sich also zunächst heftig. Daß es schließlich doch zu einer Art Burgfrieden zwischen ihnen kam, liegt sicher nicht nur an dem ähnlichen Generationsschicksal der deutschen Architekten, sondern auch an der Fülle der Aufgaben beim Aufbau der zerbomten Städte, die eine gewisse Arbeitsteilung zuließ: die Innenstädte mit ihren festgefügten Parzellengrenzen und ihrem noch vorhandenen intakten Straßennetz für die „Traditionalisten", die großen Neubausiedlungen auf der grünen Wiese für die neuen Formen der „Modernisten".

Daß das Thema noch weitaus komplizierter ist, als ich es hier in der Kurzfassung darstellen kann, wird sich noch in der weiteren Ausführung zeigen.

2. Der Mythos „Urbanität" (zwischen 1960—1970)

Der „modernen", oder was damals gleichbedeutend war, der „Gegliederten und aufgelockerten" Stadt folgte Anfang der Sechziger Jahre der Mythos der Urbanität im Städtebau, der sich bald zu einer „Urbanität durch Dichte" präzisierte. Er war die Antwort auf die im Grunde kleinstädtischen Formen der Leitbilder um die Gegliederte und aufgelockerte Stadt, die jetzt bei dem anhaltenden Wirtschaftswachstum einfach nach neuen großstädtischeren, dichteren Stadtbauformen verlangte.

Eng verbunden mit dem Mythos der Urbanität ist der Mythos der autogerechten Stadt. Der Begriff war ursprünglich von H. B. Reichow zur Erläuterung seiner „organischen" Stadt geprägt, die ja Auto- und Fußgängerbereiche trennt. Aber die Begriffsbildung erwies sich gerade wegen ihrer Angreifbarkeit als Bumerang. Sie stand später genau für das, was auch Reichow nicht wollte: die Unterordnung der Stadtplanung unter die Erfüllung der Verkehrsfunktion. Wirklich hat das Auto jahrzehntelang im Mittelpunkt städtebaulichen Denkens gestanden. Erklärbar ist dies nur durch die ungeheure Faszination, die es auf die Menschen ausübte, und daß es für viele offenbar nicht nur Statussymbol, sondern auch ein vielleicht letztes Mittel der Selbstbestätigung und der Selbstbestimmung in einer sonst weitgehend entfremdeten Welt ist.

Aber das allein hätte sicher nicht die weitgehende Zerstörung der alten Stadtstrukturen durch die riesigen Verkehrsbauwerke gerechtfertigt, hätte eben nicht der Traum von der völligen Mobilität und später, als die städtebaulichen Strukturen erst einmal so stark auseinandergelaufen waren, auch die Notwendigkeit zur Benutzung des Kraftfahrzeuges zum Mythos von der autogerechten Stadt geführt.

Nach 1970 splittert sich die Folge der einheitlichen Leitbilder auf und läßt mehrere Mythen nebeneinander existieren. Der Wiederaufbau der Städte war eigentlich beendet und damit die eindeutigen Ziele entfallen. Nun boten sich viele Möglichkeiten an, die Entwicklung der Städte weiter zu verfolgen. So hatten die verschiedenen Gruppen der Gesellschaft ihre eigenen Prioritäten im Auge und versuchten, ihre eigenen Mythen zu schaffen. So kam es u.a. zum Mythos:

3. „Partizipation" in der Planung oder „Die Planung dem Volke" Anfang der 70erJahre

Die Bewegung der Partizipation trat im Gefolge heftiger gesellschaftlicher Auseinandersetzungen auf und war schon von der Art ihrer Entstehung zum Mythos bestimmt. Politisches Aufbegehren auf Grund offensichtlicher Mißstände ließ die Kontrolle der Planung durch Partizipation der Betroffenen als notwendig

Bemerkung Hoffmann
Partizipation: Um eine Mitsprache in der Stadt wirksam zu machen, ist eine Gliederung und Untergliederung in überschaubare Bereiche (auch in der Verwaltung) erforderlich. Die Mitbestimmung in Fragen der Ästhetik im Wohnungsbau scheitert zumeist an der mangelnden Schulerziehung in Gestaltung, d h. in Raumvorstellungen.

erscheinen. Und im Trend einer starken politischen Bewegung eingeführt, blieb die Mitwirkung der Bevölkerung an der Planung teils institutionalisiert, teils als einer sich von Fall zu Fall selbst organisierenden Öffentlichkeit erhalten. Aber das Ziel dieser Bewegung, am Beispiel der Städte institutionelle Mängel und die Möglichkeiten gesellschaftlichen Wandels aufzuzeigen, ist doch nur sehr bedingt gelungen. Heute scheint es, daß diese 68er Studentenbewegung im Städtebau nur der Schrittmacher und Wegbereiter einer viel umfassenderen partizipatorischen Bewegung gewesen ist, die sich heute an Fragen des Umweltschutzes und an der Fragwürdigkeit mancher technischer Großprojekte festmacht.

4. Der Mythos der „Wissenschaftlichkeit" der Planung

Er entstand ebenfalls Anfang der 70er Jahre als Antwort auf das allgemeine Unbehagen, das die übersteigerte Aktivität der Bautätigkeit in den späten 60er Jahren ausgelöst hatte. Das Erscheinungsbild der Städte begann sich vielerorts als nicht mehr begreifbar, ja chaotisch darzustellen.

So schien es nur natürlich, daß man den ordnenden Geist der Wissenschaft zu Hilfe rief, um die offenbar aus dem Ruder laufende Entwicklung wieder einzufangen. Nur über die Ratio der von den Planern neu entdeckten Wirtschafts- und Sozialwissenschaften meinte man das Funktionsgefüge der Stadt erfassen und steuern zu können. Überall entstanden nun die wissenschaftlich geprägten „Stadtentwicklungsämter", die — meist bei den Behördenspitzen angesiedelt — mit wissenschaftlich abgesicherten Prognosen und Programmen wieder Ordnung und Kontinuität in die Entwicklung bringen sollten.

Der Einsatz der Wissenschaft hat in der Tat besonders die Instrumente der Analyse und der Planungsentscheidungen geschärft. Aber ihren Mythos von einer widerspruchsfreien Gesamtplanung und der Steuerung des gesamten Geschehens durch Programme und Methoden des modernen Managements hat auch die wissenschaftliche Stadtentwicklung nie und nirgends verwirklichen können.

Bemerkung Hoffmann
Das Instrument der exakten Analyse als Hilfsmittel zur Entscheidungsfindung wurde schon am Bauhaus geübt. Trotzdem ist Wissenschaft nicht wertefrei. Planung muß auf Unbekannte elastisch reagieren!

5. Der Mythos der „Postmodernen Stadt"

Dies war vielleicht der schwerwiegendste Umschwung in der Geschichte der modernen Stadtentwicklung. Dabei ist gerade diese neue Bewegung sehr differenziert, sehr facettenreich und nicht leicht zu beschreiben.

Fest steht, daß sie eine Gegenbewegung gegen die nun seit drei Jahrzehnten unangefochten herrschende Moderne mit all ihren Wandlungen und Varianten darstellt. Die Moderne war angetreten mit dem Anspruch, nicht nur ästhetisch, sondern auch sozial eine bessere Welt zu schaffen. Damit fühlte sie sich verpflichtet, die geschichtlichen Zeugnisse des späten 19. Jahrhunderts, das ja als Zeit des Frühkapitalismus in ihren Augen das städtebauliche Übel schlechthin war, weitgehend zu tilgen. Bei solchem absoluten Anspruch wurden natürlich auch viele Stücke der Erinnerung in einer Stadt mit ausgelöscht.

Bemerkung Hoffmann
Die Tilgung von Symbolen (die gebaute Umwelt ist das stärkste Sinnbild) ist das legitime Recht jeder Revolution.

Zeitweise schien es in Vergessenheit geraten zu sein, daß eine Stadt eben nicht nur aus dem pseudowissenschaftlich untermauerten Versprechen auf eine bessere Zukunft, sondern auch aus der Kontinuität einer langen Vergangenheit lebt. Diese Erkenntnis wieder ins Bewußtsein der Öffentlichkeit gerückt zu haben, ist ein unbestreitbares Verdienst der Postmodernen Architektur und Stadtplanung. Auch hierauf wird zurückzukommen sein.

Bemerkung Hoffmann
Postmoderne
Den CIAM ist jedoch „das Leben aus der Kontinuität einer langen Vergangenheit" durchaus klar gewesen (siehe Charta von Athen (6)) Die Postmoderne dagegen greift nur auf „Erinnerungen" zurück der verschiedenen Renaissance- und Barockepochen, d.h. auf Macht-Architektur.

6. Die „Ökologische" Stadt

Das Umweltbewußtsein hat sich für größere Teile der Bevölkerung eigentlich erst seit den Tagen des „Club of Rome" und seines Gutachtens über die „Grenzen des Wachstums" geschärft, das war 1972. Seitdem ist es aber durch einen leider nur zu deutlichen Anschauungsunterricht der katastrophalen Entwicklung unserer Umwelt ständig gewachsen. So muß die Stadt der Zukunft, wenn sie überleben will, die Gesetze eines ökologischen Gleichgewichts beachten. Dies wird auch zu neuen Formen der Stadt überhaupt führen. Auch dieses wichtige Leitbild ist dabei, zum Mythos zu wachsen. Er wird dann seinen Kampf gegen den „technischen Fortschritt um jeden Preis" fortführen.

Dies also sind erkennbare Mythen, die bisher die Nachkriegsgeschichte der Stadtplanung bestimmt haben. Am Horizont zeichnet sich die Bildung neuer Mythen ab. So nehmen die möglichen Auswirkungen der neuen Informationstechnologien auf die Stadtentwicklung einen breiten Raum in der Diskussion ein. Aber auch die akuten Nöte der Menschen mit der Drohung der weiter wachsenden — weil strukturell bestimmten — Arbeitslosigkeit werden ihren Einfluß auf die künftige Gestalt der Stadt ausüben.

Das Ziel dieser Untersuchung wird nun sein, die Leitbilder und Mythen der einzelnen Epochen, ihre Entstehung, ihre Wirkung, ihren schließlichen Verfall in der geschichtlichen Situation und ihre Ablösung durch neue Leitbilder aufzuzeigen.

Die Grundsatzkapitel sollen mit den geschichtlichen Abläufen vertraut machen und eine erste Wertung versuchen. Die Beiträge der Zeitzeugen und Experten sollen diese Wertung vertiefen oder, wo es notwendig ist, auch in Frage stellen.

In der abschließenden „Conclusio" soll versucht werden, die Einzelbeiträge nochmals zu werten und festzustellen, welche Elemente der Vergangenheit ein künftiges Leitbild aufnehmen müßte.

Die „Moderne Stadt“ und die Stadt der Tradition

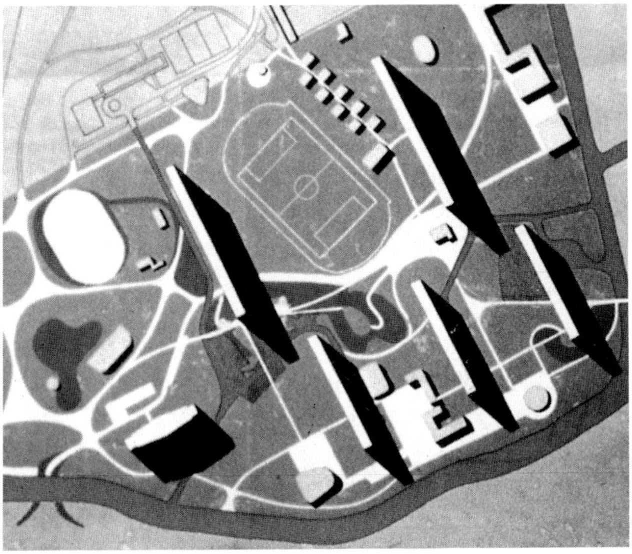

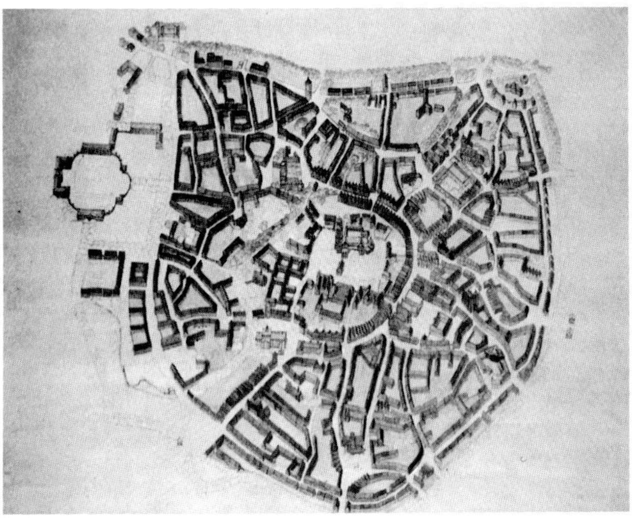

Die „Moderne Stadt“ und die Stadt der Tradition

Die 40er und 50er Jahre

Von H.-R. Müller-Raemisch

Die Lage in den Großstädten

Die Lage der deutschen Großstädte schien im Frühjahr 1945 völlig hoffnungslos. Die meisten waren zu mehr als der Hälfte zerstört. Die Innenstädte waren überall restlos niedergelegt: Trümmer im Umkreis von Kilometern. Die Bewohner hatten zum größten Teil evakuiert werden müssen oder sie waren umgekommen. Auch nach der Kapitulation gab es kaum Material zum Ausbessern der schlimmsten Schäden, geschweige denn zum Wiederaufbau.

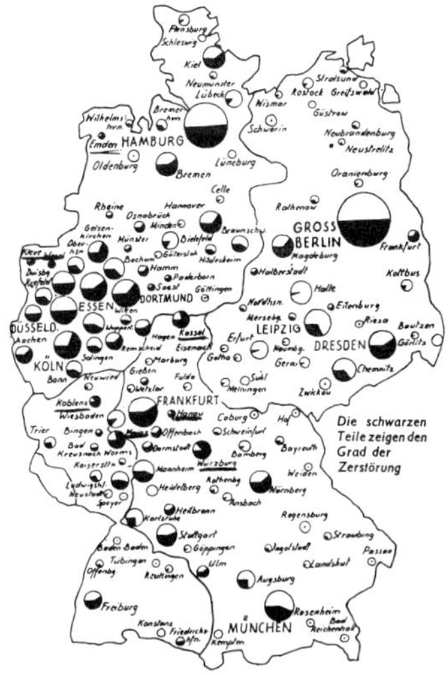

Der Zerstörungsgrad der deutschen Städte 1945

Zum Beispiel Frankfurt am Main: Die Trümmer der Altstadt und des Domes

Dazu kam die völlige Ungewißheit über die Zukunft.[1] Niemand wußte, wie es weitergehen konnte, welchen Grad der Industrialisierung und damit auch des künftigen Lebensstandards die Siegermächte Deutschland

1) Hierzu:
Benz, W. Die Entstehung der Bundesrepublik
Frankfurt a.M. 1983
Lehmann, H.G.
Chronik der Bundesrepublik Deutschland 1945/49 bis 1983
2. Auflage München 1983
Thränhardt, D. Geschichte der Bundesrepublik Deutschland
Frankfurt a.M. 1986

Bemerkung Hoffmann
Mein Manifest von 1945 versuchte Drohungen des Morgenthauplans in positive Planungen umzuwandeln —Flächenzerstörungen zu klaren gliedernden Freiflächen zu nutzen mit einer Bodenordnung wie die Methode von Rotterdam und Le Havre.

überhaupt zugestehen würden. Die Drohungen des Morgenthauplanes, Deutschland nur noch als Agrarstaat zu dulden, waren noch lange nicht ausgeräumt. Ernstlich mußte man sich in dieser Lage mit den Möglichkeiten der Lehmbauweise und des Wiederaufbaus über den eingeebneten Trümmern befassen.

Was plant der Städteplaner in solcher Situation, die ihm einerseits mit der vorhandenen tabula rasa alle Möglichkeiten eines Neuanfangs eröffnet, andererseits ihm weder Hoffnung auf irgendeine Realisierungschance läßt, noch eine einigermaßen verläßliche Prognose bietet?

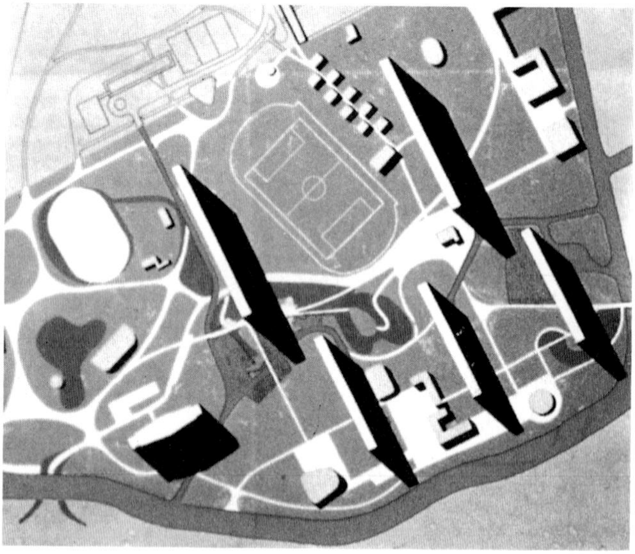

Utopien: Neue Wohnbauviertel für das zerstörte Mainz (Marcel Lods 1946)

Zeitgemäße Überlegungen: Wiedereinführung des Lehmbaus für ein entindustrialisiertes Deutschland (Hochschule Weimar 1947)

Utopien und vorsichtige Skizzen

So schwanken die Planungen dieser Zeit zwischen Utopien und ganz vorsichtig tastenden Wiederaufbauskizzen, zwischen radikaler Neuplanung und eher verzagtem Suchen nach einem unter den herrschenden Bedingungen noch gangbaren Weg. Die Utopien sind dabei begreiflicherweise in der Minderzahl.

Dabei liegt eigentlich für die Planer ein Grundkonsens vor: Die Ablehnung der alten Gründerzeitstadt mit ihren licht- und luftlosen Hinterhöfen, die zum Schreckensbild der Vergangenheit geworden ist und auf keinen Fall mehr auferstehen soll. Einig ist man sich — oder wird man sich bald — wohl auch darüber, daß die Pläne der frühen NS-Zeit mit ihren Achsen und Aufmarschplätzen nicht direkt so weitergeführt werden können.

Konsens der Planer nur in der Ablehnung der licht- und luftlosen Hinterhöfe . . .

. . . und der Pracht- und Monumentalachsen der frühen NS-Jahre

Dann beginnen aber auch schon die Meinungsverschiedenheiten: Da sind die „Modernen", die in Architektur und Stadtbauformen des Bauhauses denken, und da sind die „Traditionalisten" der süddeutschen Architekturschulen, die in „bodenständigen" Bauformen weiterbauen wollen. Und das wird alsbald in einen Streit übergehen, ob man überhaupt die Erinnerungen an die alten Städte wachhalten soll, oder ob nicht nach diesem schrecklichen und selbstverschuldeten Krieg die Zerstörung als eine Mahnung der Geschichte begriffen werden muß, und ob eine wörtliche Reproduktion der Stadt nicht geradezu zu einer gebauten Geschichtslüge geraten müßte.

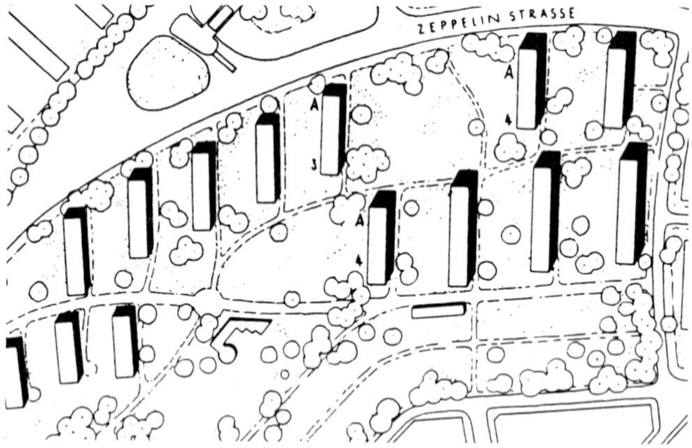

Die „Modernen" des Städtebaus. Aus dem ECA-Wettbewerb 1951 (Hier Peter Grund für Mannheim) ECA = European Cooperation Administration des Marshall-Plans

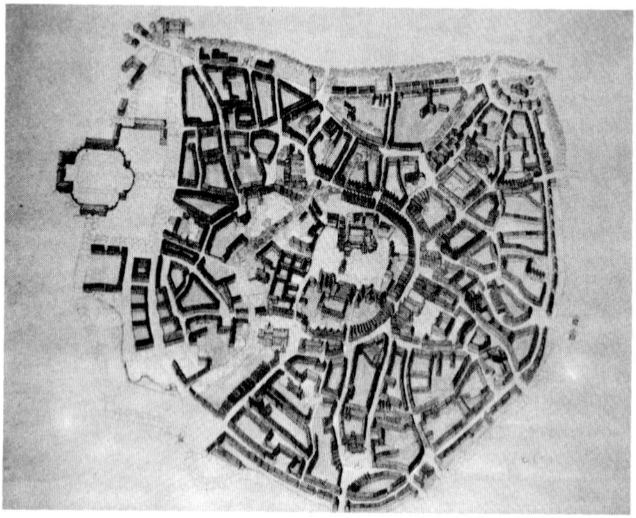

. . . und die Traditionalisten (Hier E. Scharf für Münster 1946)

Es waren gerade die moralisch besonders integren Kräfte der Intelligenz, die diese Haltung verfochten. Auch in Frankfurt wurden diese geistigen Kämpfe zwischen den Restauratoren und den Modernen, hier um den Wiederaufbau von Paulskirche und Goethehaus, auf das heftigste geführt. Ich erinnere an Walter Dirks und Eugen Kogon und ihre „Frankfurter Hefte", die sozusagen als Tribüne für diese Auseinandersetzungen dienten.

Vorplanungen der NS-Wiederaufbaustäbe

Für die Planung war übrigens der Mai 1945 durchaus nicht die so oft zitierte „Stunde Null". Der Wiederaufbaustab Speer hatte noch in den letzten Kriegsjahren für fast alle bedeutenden Großstädte Planungen erstellt.[2] Zumindest waren relativ genaue Schadenskarten und erste Skizzen für den Neuaufbau vorhanden. Diese Aufbaupläne waren einerseits aus den Vorstellungen der NS-Welt geboren, mit ihren Aufmarschachsen und Versammlungsplätzen, NS-Häusern und HJ-Heimen. Andererseits aber trugen sie „moderne" Züge, nämlich soweit es die Auflockerung der alten Stadt anging und die Gliederung des unübersichtlichen alten Stadtkörpers in überschaubare kleine Siedlungseinheiten betraf. Auch die Fragen eines ständig wachsenden Autoverkehrs hatten sie berücksichtigt.

2) Durth, W. und Gutschow, N.
Träume in Trümmern
Planungen zum Wiederaufbau zerstörter Städte im Westen Deutschlands 1945–50
Braunschweig u. Wiesbaden 1988

Dieser Teil der Planung bezog sich nun durchaus nicht nur auf das Gedankengut der NS-Zeit, sondern diese Fragen der Auflockerung und Gliederung der alten Stadt waren schon seit der Jahrhundertwende in den Vorstellungen der englischen und deutschen Gartenstadtbewegung im Gespräch, und verschiedene Beispiele waren auch schon in einzelnen Siedlungen der Zeit zwischen den Kriegen gebaut.

Bemerkung Hoffmann
Die Ideen der englischen Gartenstadt und von USA-Soziologen über Nachbarschaft vor 1900 wurden in die N.S.-Wiederaufbau-Institute „eingeschmuggelt".

Dabei ist es wieder typisch für die NS-Zeit, daß diese Grundsätze des modernen Städtebaus in ihre Ideologie „umfunktioniert" und teilweise sogar integriert wurden. Die Siedlungseinheiten wurden zu Ortsgruppen, die auch für den Verkehr notwendigen breiten Straßentrassen wurden als Aufmarschachsen konzipiert. So wurde ein Bild der Stadt entworfen, das Erkenntnisse des modernen Städtebaus von Auflockerung und Durchgrünung durchaus in sich aufnahm, aber doch mit seinen

Aufmarschplätzen und Sichtachsen einem eher absolutistischen „Führerkult" huldigte.

Die Architektur war im besten „Blut- und Bodenstil" vorgesehen, der auf Jahre hinaus alle regionalen Baustile in Deutschland in Mißkredit bringen sollte.

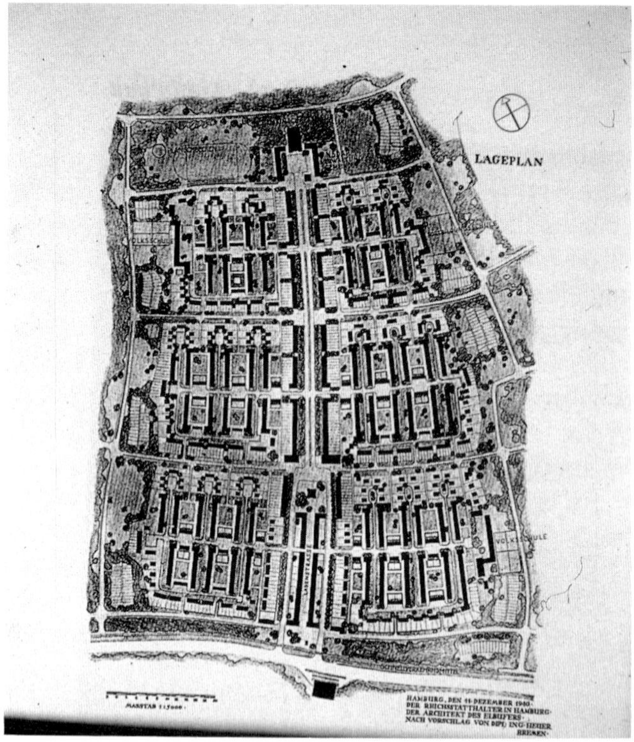

Das Erbe der planerischen Vergangenheit: Monumentalachsen, aber auch Ideen der Gartenstadt: Siedlungszelle für eine NS-Ortsgruppe (K. Gutschow 1940)

Diskreditierung der NS-Zeit

Damit waren aber auch beide Richtungen, die sich im deutschen Nachkriegsstädtebau so heftig befehdeten, durch die NS-Vergangenheit diskreditiert: die Traditionalisten durch ihren angeblich fortgeführten „Blut und Boden"-Stil des Dritten Reiches; die Modernen wurden als „Diktatoren" gescholten, wenn sie sich zur Durchsetzung ihrer modernen Stadtformen auf Enteignung von Privateigentum einlassen mußten: dann waren sie die Nachfahren der NS-Diktatoren, die keinen Respekt vor privatem Eigentum zeigten. Und in manchen Situationen scheuten sich die Gegner auch nicht, das einander vorzuwerfen.

Ein anderer Brennpunkt der Diskussion in diesen ersten Jahren war die Frage, ob man überhaupt wieder die Stadtgrößen der Großstädte zulassen sollte. Hier hatte der seit dem Ende des vorigen Jahrhunderts aufgebrochene Streit nicht nachgelassen. Sowohl die „sittliche Gefährdung" des gesamten Volkes durch das „Massenphänomen" Großstadt wie auch die gestalterisch nicht mehr zu beherrschende Ausdehnung der Riesenstädte waren die Hauptargumente der Großstadtgegner, und die Kritik der völkischen Bewegung hatte sie sich zu eigen gemacht. Gottfried Feder,[3] der Ideologe des NS-Städtebaus hatte seine Vorstellungen von Stadt auf eine Größe von höchstens 30.000 Einwohnern fixiert und die „Volksgemeinschaft" in Zellen und Ortsgruppen gegliedert, um sie eben überschaubar — und kontrollierbar — zu halten.

3) Feder, G. Die neue Stadt. Versuch einer Begründung einer neuen Stadtplanungskunst aus der sozialen Struktur einer Bevölkerung Berlin 1939

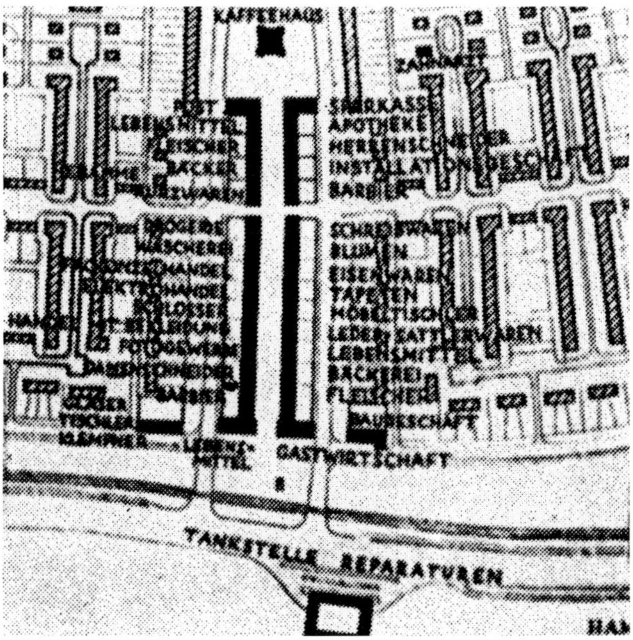

. . . „die besten Städte, für alles ist Vorsorge getroffen" Versorgungsteil der Ortsgruppe
(F. Heuer und K. Gutschow nach den Vorstellungen von G. Feder)

Die Situation unmittelbar nach dem Krieg schien auch der Prognose des ständigen Schrumpfens der Großstadt recht zu geben. Die Evakuierten und die nach Westdeutschland einströmenden Flüchtlinge blieben zunächst sehr gern auf dem platten Land, einfach weil dort die Ernährungslage noch wesentlich erträglicher war als in den Städten. Aber schon nach wenigen Jahren änderte sich das Bild: Die Städte erhielten starken Zulauf vom Land, weil spätestens seit der Währungsreform hier die Arbeits- und Verdienstmöglichkeiten viel besser waren.

Dies war die erste Fehleinschätzung der Idee der aufgelockerten und gegliederten Stadt: die Begrenzung auf eine Maximalgröße. Das war in einer modernen Industriegesellschaft einfach nicht durchzuhalten. Die Bildung eines für eine moderne Stadt funktionierenden Arbeitsmarktes ist eben bei den geforderten Stadtgrößen um 50.000, ja selbst um 100.000 Einwohner meist noch nicht möglich.

Planungen und Wettbewerbe nach 1945

Wie aber sahen nun die ersten Planungen nach dem Kriege aus, die nicht mehr auf den alten NS-Plänen fußten, aber doch die „Errungenschaften" des modernen Städtebaus, die Auflockerung, die Gliederung und die Verkehrstüchtigkeit als Planungsmaximen hochhielten? Da waren zunächst die Planungen, die die große Chance des völligen Neubeginns nutzen und mit der neuen Stadtform auch eine bessere Gesellschaft schaffen wollten, und die damit eigentlich die geistige Nachfolge der neuen Siedlungen der 20er Jahre antraten, die etwa in Berlin und Frankfurt ihre ersten großen überzeugenden Beispiele geschaffen hatten.

Sicher gehört der „Kollektivplan Berlin"[4] in diese Kategorie: Berlin nun in seiner Ausdehnung begrenzt auf

4) Zur Ausstellung „Berlin plant" (Scharoun) in Neue Bauwelt 10/1946

Der „Kollektivplan" sah den Neuaufbau Berlins als Bandstadt mit Streifen von Arbeits- und Wohnbaugebieten vor. Die Bauflächen sollten auf das alte Urstromtal begrenzt bleiben. (H. Scharoun u.a. 1946)
1. Arbeitsgebiete
2. Wohnbaugebiete
3. Altes Industriegebiet
4. Stadtverwaltung
5. Museumsstadt mit der Feststraße „Unter den Linden"

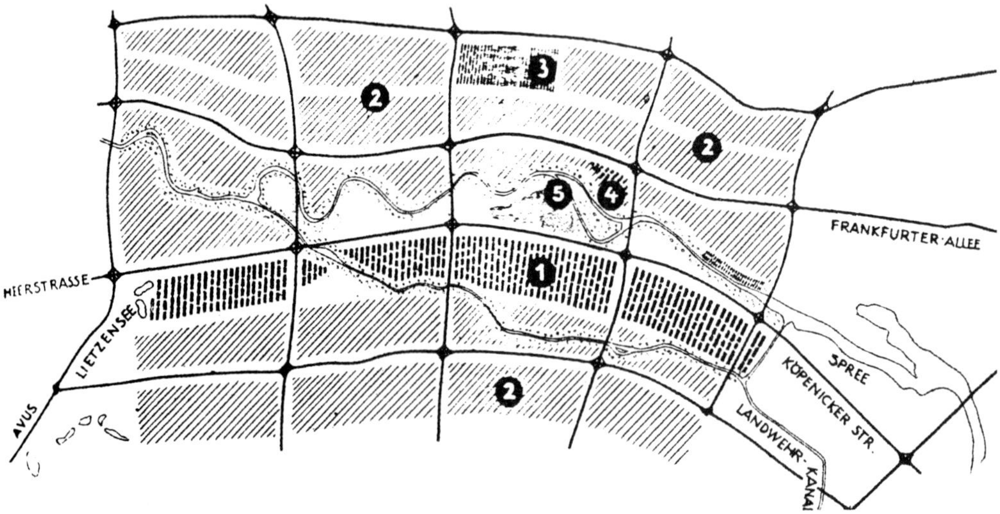

das alte Urstromtal und gegliedert in übersichtliche Stadtbezirke. Befreit vom Ballast der Speer'schen Repräsentationsplanung mit ihren Nordsüd- und Ostwestachsen; als Bandstadt mit strikter Trennung zwischen Wohnen und Arbeiten am Lauf der Spree entlang entwickelt und durch ein völlig neues weitläufiges Verkehrsnetz erschlossen: eine großartige, aber auch eben eine nur sehr eindimensionale Utopie.

Bemerkung Hoffmann
Der Scharounsche Kollektivplan von Berlin war ein Schema. Wurde im Verkehrs- und Siedlungskonzept durch Hoffmann-Rossow-Studie realisierbar ergänzt.
Der Scharoun-Plan sah eine planmäßige Auflockerung jener überbelegten Gebiete mit rd. 1000 Einwohner/ha etwa auf die Hälfte — auch im Interesse des zu erwartenden Verkehrs — vor.

Solche Neuplanungen, wie der Scharoun-Vorschlag für Berlin oder der Hebebrands für Kassel[5], trugen aber schon angesichts der in den alten ausgebombten Städten noch vorhandenen Werte wie Straßen- und Kanalisationsnetz und der baulichen Restbestände den Charakter des Utopischen. Und das Hauptargument der Gegner solchen radikalen Neudenkens war denn auch immer die wirtschaftliche Undurchführbarkeit, ein schlagkräftiges Argument, mit dem sie mitten in einer Welt von Trümmern natürlich auch stets recht behielten.

5) z.B. Wiederaufbauwettbewerbe für Fulda, Kassel, Dortmund, Nürnberg, Braunschweig
in Baumeister 5-7/1948

Planungen in der französischen Besatzungszone

Trotzdem wurden solche Planungen nicht nur in Berlin, sondern auch in der französischen Besatzungszone versucht. Hier sicherlich mit einer anderen politischen Zielsetzung: Die Besatzungsmacht wollte mit dieser, wie sie meinte, weitblickenden und modernen Planung auch

Vorschlag für den Neuaufbau von Kassel (Wettbewerbsentwurf von W. Hebebrand 1947).
Nur die wichtigsten Merkzeichen der alten Stadt werden beibehalten. Für den Aufbau der anderen zerstörten Gebiete sind völlige Neuerschließungen mit Zeilenbauten vorgesehen.

ihren Anspruch auf die Selbständigkeit der von ihr besetzten Gebiete anmelden. Es ging ihr sicher auch um die Demonstration der Organisationsfähigkeit der zuständigen Besatzungsmacht und der symbolischen Befreiung der vom NS-Regime dargestellten Planungen.

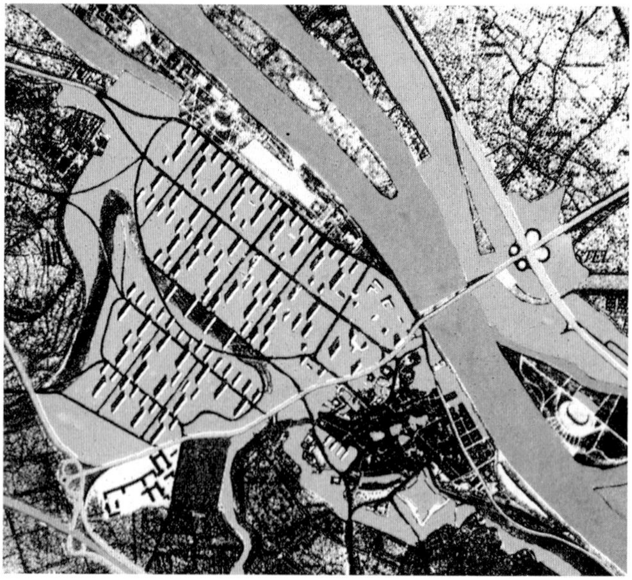

Neuplanung für Mainz (M. Lods u.a. 1946) Nur der historische Altstadtkern bleibt erhalten. Für alle Neubaugebiete sind strenge Hochhausraster vorgesehen.

So zeigen die Pläne von Marcel Lods für den Wiederaufbau von Mainz[6] und die von Pingusson für Saarbrücken völlig neue Städte, die in bester Le Corbusier'scher Tradition des Plan Voisin die alten Städte ersetzen. Lediglich einige „Traditionsinseln" der ursprünglichen Altstadt dürfen bestehen bleiben.

6) Durth, W. u. Gutschow, N. a.a.O und in Baumeister 1949

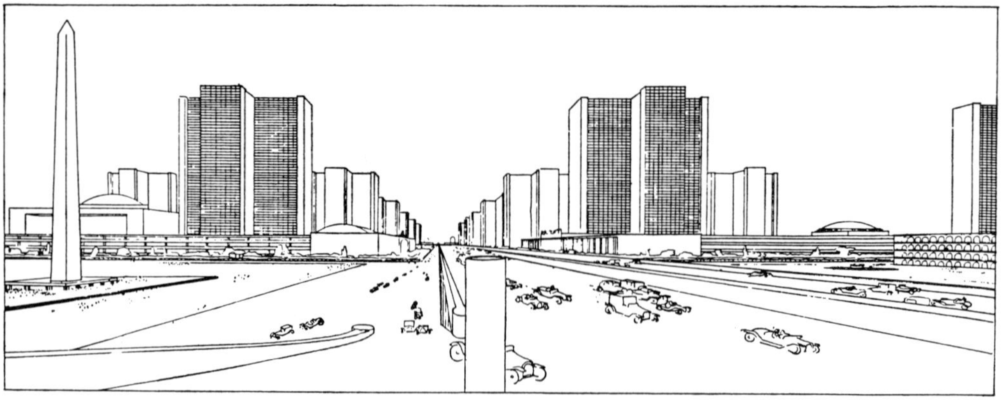

Das Vorbild: Der neue Urbanismus eines Le Corbusier.
(La Ville Contemporaine 1925)

Neubauplanung für Saarbrücken. (H. Pingusson u.a. 1946) Auflockerung der alten Stadt und neue Wohngebiete in Hochhäusern.

Beide Planungen mußten scheitern, sowohl an der wirtschaftlichen Undurchführbarkeit, viel mehr aber noch am Widerstand der Besitzer der alten Grundstücke und an der Aversion der Mehrzahl der Einwohner, die unter den gegebenen Umständen diese Planungen nur als von einer „fremden" Macht aufgezwungen sehen konnte.

Die Gegenplanungen

Zu allen diesen Planungen gab es natürlich auch alsbald Gegenplanungen. So gab es für Mainz bald eine Gegenplanung von P.Schmitthenner, dem bekannten Vertreter der traditionellen „Stuttgarter Schule". Und in Berlin entstand schon ein Jahr nach dem Plan von Scharoun und seinem Kollektiv der „Bonatzplan" des neuen Stadtbaurates Karl Bonatz und seiner Verwaltung.[7] Der fußte nun streng auf den Gegebenheiten, das soll heißen auf dem noch vorhandenen Straßennetz mit einigen Verbreiterungen und Erweiterungen und war eigentlich überhaupt mehr ein Verkehrsplan als ein Instrument der planerischen Festlegung und Gestaltung. Immerhin zeigte er aber auch die Möglichkeiten einer sinnvollen Aufgliederung der Stadt und räumte mit dem überdimensionalen Achsendenken der NS-Zeit auf.

Mit der detaillierten Gestaltung der Innenstadt befaßten sich die nachfolgenden Pläne von Ermisch[8] und anderen, wobei auch hier wieder die verschiedenen Auffassungen der Zeit deutlich wurden. Ermisch etwa entwarf

7) u.a. in Neue Bauwelt 48/1947

8) Pläne von Ermisch, R. in Neue Bauwelt 50/1947

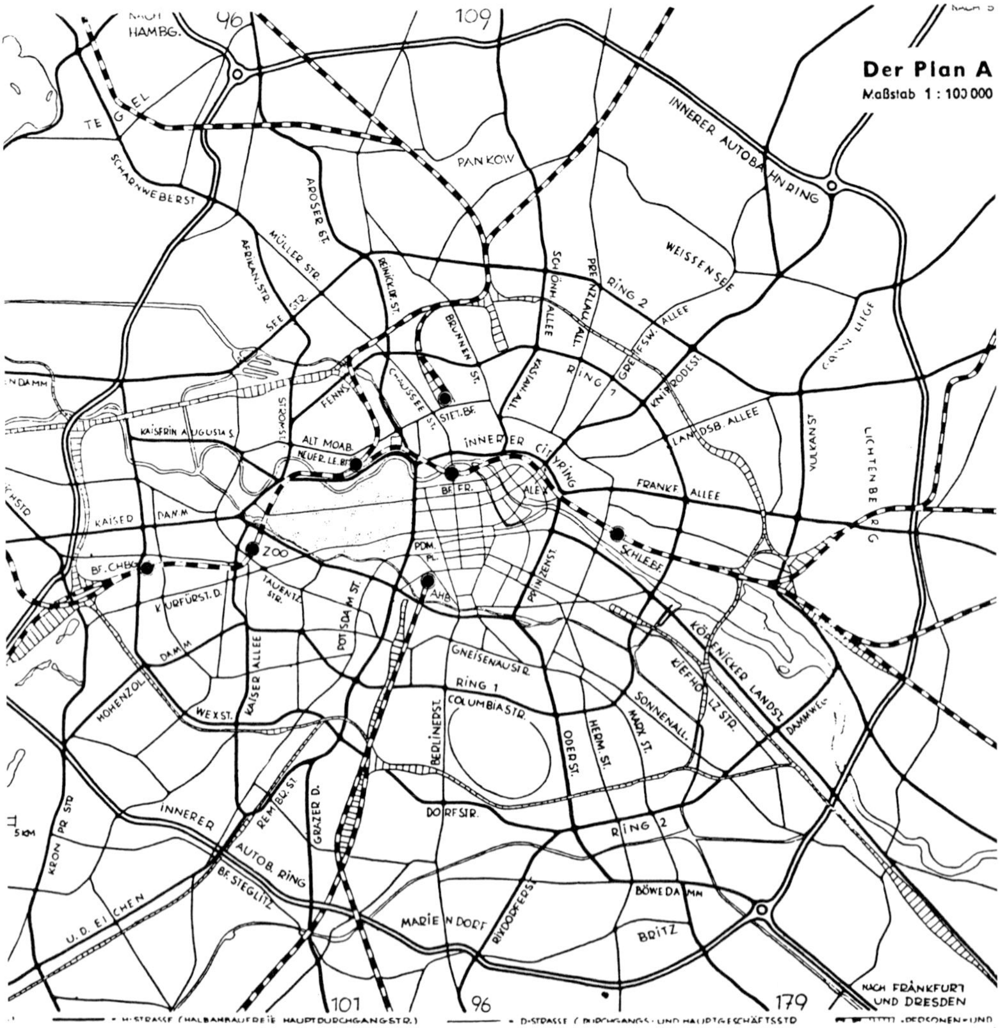

Berlin, der „Bonatzplan“ als Gegenentwurf zum „Kollektiv“plan. Erhaltung des alten Straßennetzes mit Korrekturen für den wachsenden Verkehr.
(K. Bonatz und Bauverwaltung 1947)

9) Architektur und Wohnform 1/1949/50

mehr im Sinne der traditionellen Platz- und Blockbildung und die Gebrüder Luckhard[9] mehr im Sinne einer freien Raumgestaltung.

Der Kompromiß

Der endlos scheinende Streit zwischen den Modernen und den Traditionalisten endete schließlich in einem Kompromiß. Da in den kleinparzellierten Innenstädten die modernen Bauformen mit ihren weit ausschwingenden Räumen und dem gezielten Wechsel der Baukörper

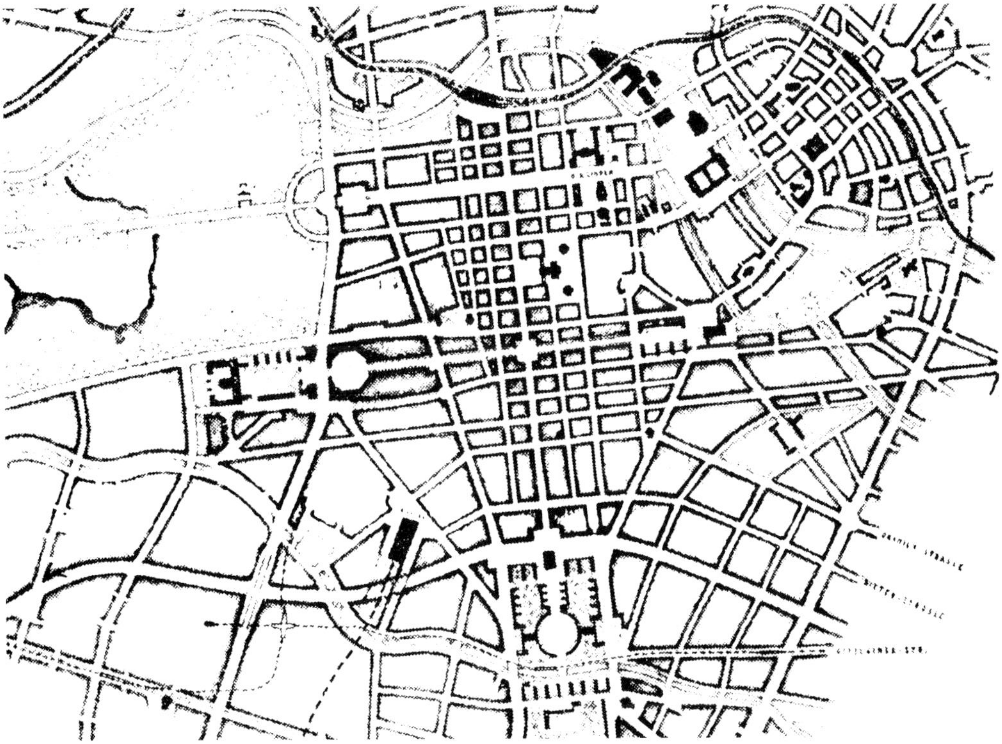

Der „traditionelle“ Wiederaufbauplan für das Zentrum von Berlin (Ermisch) 1947 . . .

zwischen hoch und niedrig doch nicht zu verwirklichen waren, enfaltete sich der Gestaltungsdrang der Modernen stärker bei den nun beginnenden Neubausiedlungen an den Rändern der Stadt, wo die Grundstücke ohnehin erst durch Zusammenkauf oder Umlegung frei gemacht werden mußten und nun die Flächen in einer Hand auch größere Freiheit in der Gestaltung erlaubten.

Jedenfalls wird in dem großen ECA-Wohnungs- und Städtebauwettbewerb 1951[10] von den über 700 Teilnehmern keine Arbeit mehr mit Blockbebauung und Korridorstraßen eingereicht. Die Moderne hatte zumindest für die nun neu entstehenden Siedlungen in der Vorstellungswelt der Planer gesiegt.

10) Wandersleb, H. (Hrsg) Neuer Wohnbau, Bd.I Bauplanung Neue Wege des Wohnungsbaus als Ergebnis der ECA-Ausschreibung Ravensburg 1952 (ECA=European Cooperation Administration)

Bemerkung Hoffmann
„Gesiegt“ hatten vorwiegend Wohnungsbau-Genossenschaften, die schon im Hansaviertel ihre Forderungen auf Überwiegen von Hochhäusern durchsetzten.

Die wirtschaftlichen Voraussetzungen des Wohnungsbaus

Voraussetzung für diese Förderung des Wohnungsbaus waren die Ergebnisse der fortschreitenden politischen Entwicklung. Nach dem Zerwürfnis zwischen den Siegermächten war Deutschland in Ost- und Westzonen ge-

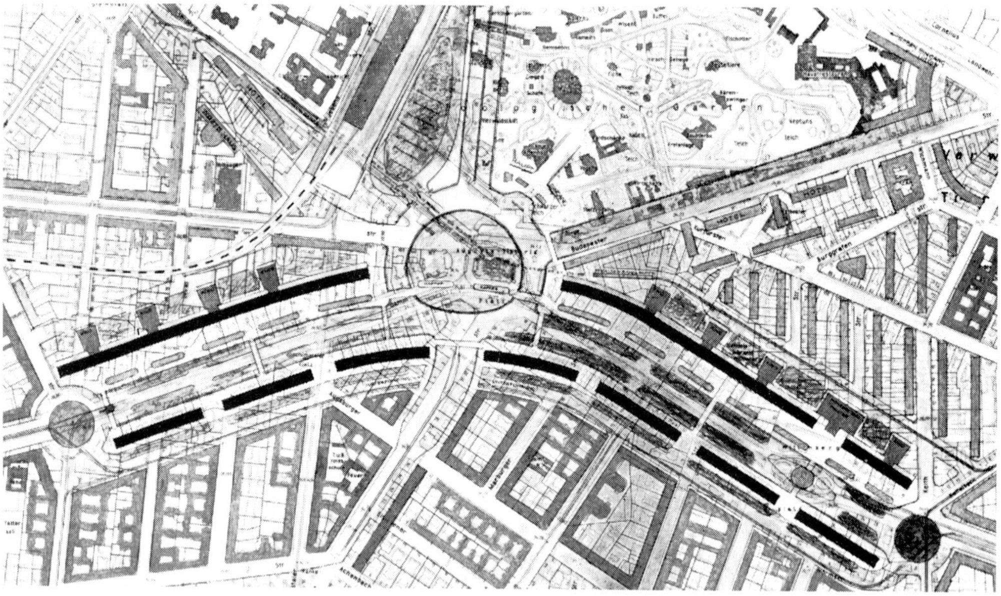

. . . und „moderne“ Vorschläge für Wohn- und Geschäftsquartiere um die Kaiser-Wilhelm-Kirche in Berlin (H. u. W. Luckhard 1949)

teilt worden, die nun mit einer eigenen Wirtschaftsordnung und Verfassung ihre sehr unterschiedliche Entwicklung für die kommenden Jahrzehnte beginnen sollten. Westdeutschland bekam seinen eigenen Dreizonenstatus, aus dem später die Bundesrepublik entstand, es führte seine eigene Währungsreform durch und bekam auch seinen Anteil aus dem Unterstützungsfonds des Marshallplans. Dies waren die notwendigen wirtschaftlichen und politischen Voraussetzungen für einen raschen Wiederaufbau.

Plan und Markt

Die bis Mitte der 50er Jahre noch geführte Diskussion um eine stärkere Sozialpflichtigkeit des Eigentums und damit leichtere Möglichkeiten zur Enteignung von Bauland und der Abschöpfung eines unverdienten Planungsgewinns wurden schließlich abgebrochen. In den kommenden Jahren sollte unter diesen Voraussetzungen die Bereitstellung von Bauland zu erheblichen Schwierigkeiten führen, weil natürlich viele, besonders der großen Grundbesitzer, ihr potentielles Bauland in der Erwartung noch größerer Gewinne zurückhielten. Die Kommunen konnten daher die Standorte für ihre neuen Wohnsiedlungen oft nicht nach der optimalen Lage, sondern nur nach der Verfügbarkeit von Bauland festlegen.

Man sieht es heute noch dem Gesamtorganismus vieler Städte an, daß die Lage neuer Baugebiete sich oft nicht etwa aus einer städtebaulichen Logik, sondern einfach nach der Verfügbarkeit von Grundbesitz zum Wohnungsbau entwickelt hat.

Besonders deutlich wird dieses Phänomen aber in der Regionalplanung dieser Zeit. Hier ist fast keine der sicherlich wohlüberlegten Siedlungsachsen und der Siedlungsschwerpunkte durchzusetzen gewesen, weil man mit der Veröffentlichung der Pläne, die ja so schnell nicht in verbindliches Baurecht umgesetzt werden konnten, gerade das Gegenteil des Planes auf dem Markt initiierte: das geplante Grünland wurde als billiges Bauland angeboten und noch schnell realisiert, das geplante Bauland stieg über Nacht im Preis und blieb daher erst mal liegen. Später wurde es dann doch noch bebaut, zu besserem Preis: die Zersiedlung der Landschaft mit all ihren negativen Folgen war perfekt.

Aus dieser Zeit stammt noch ein anderes Problem, das die Planer und die Sozialwissenschaftler noch lange beschäftigen sollte. Die Produktion der dringend benötigten Wohnungen geriet alsbald unter Zeitdruck, so daß hier immer stärker auf vorhandene Typenentwürfe zurückgegriffen werden mußte und für ein vernünftiges Ausreifen der Grundrisse, der Stadtbauformen und ihre Erprobung durch die Benutzer in der Praxis eigentlich nie Zeit blieb.

Bemerkung Hoffmann
Der „Zeitdruck" war oft nur ein Vorwand der Trägergesellschaften, um die für ihre Zwecke günstigen Einheitsgrundrisse zu verwenden.

Morphologie der Siedlungsformen

Die Bauformen der neuen Siedlungen, die jetzt in großer Zahl anliefen, machten eine eigenartige, aber eigentlich durchaus folgerichtige Metamorphose durch. Die starren Zeilen, wie sie am Ende etwa der May-Zeit in Frankfurt gebaut wurden, machten nun einer weicheren Form der leicht geschwungenen, der gedrehten oder der im Umriß unregelmäßigen Form Platz, um unter Beibehaltung der angeblich optimalen Nord-Südzeile wenigstens eine Ahnung von Raumbildung und gelockerter Umrißform wieder zu finden. Der Horror vor den allzu gewaltigen und strengen Formen der NS-Architektur saß noch allzu tief.

Bemerkung Hoffmann
Sichere Formen waren ein zu begrüßender Einfluß der sogenannten Organischen Schule.

Mit der wachsenden Größe der Siedlungen kehrte man dann doch wieder zu rechtwinkligen Raumbildungen

Die „organische" Stadtbauform sucht die weichere Umrißlinie der Gebäudegruppen.
(H. B. Reichow: Siedlung Hohnerkamp in Hamburg 1951)

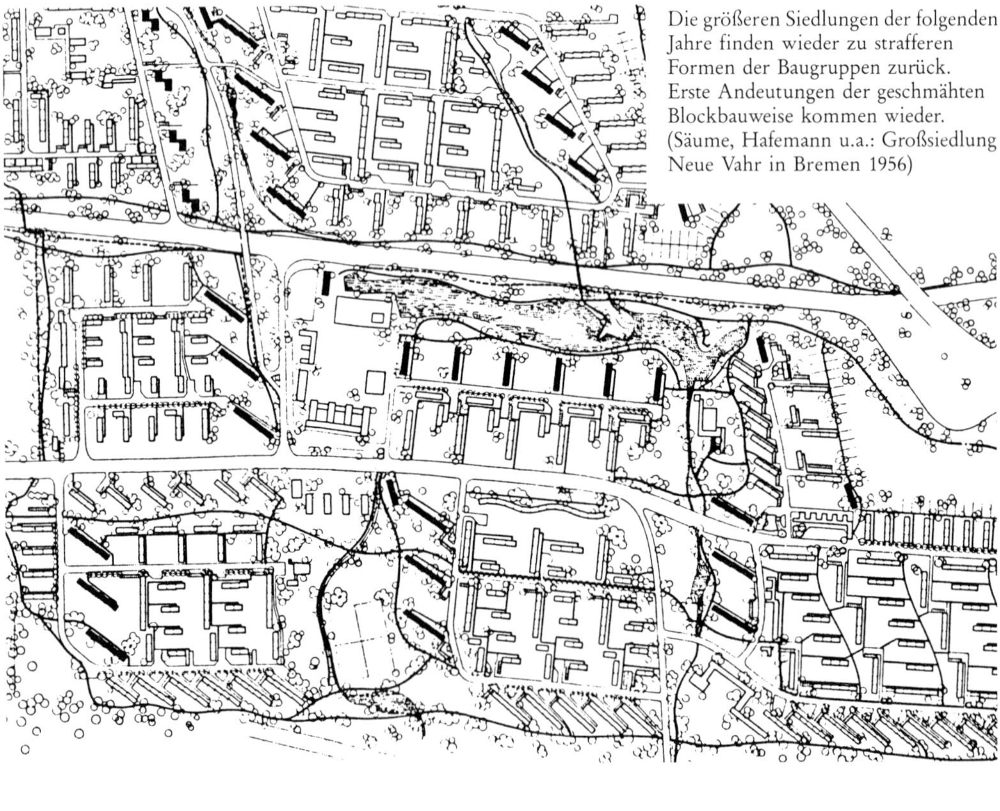

Die größeren Siedlungen der folgenden Jahre finden wieder zu strafferen Formen der Baugruppen zurück. Erste Andeutungen der geschmähten Blockbauweise kommen wieder.
(Säume, Hafemann u.a.: Großsiedlung Neue Vahr in Bremen 1956)

Der frühere Zeilenbau beginnt wieder mit streng rechtwinklig zueinander stehenden Baukörpern, kleine begreifbare Räume zu formieren.
(W. Schwagenscheidt, T. Sittmann: Nordweststadt in Frankfurt a.M. 1959)

zurück, wohl weil der notwendige Schematismus des reinen Zeilenbaus in den großen Siedlungseinheiten doch zu ermüdend wirkte. Aber auch Höhengliederungen der Baukörper und die gestalterische Betonung der Siedlungsmitte sollten das Erscheinungsbild lebendiger gestalten.

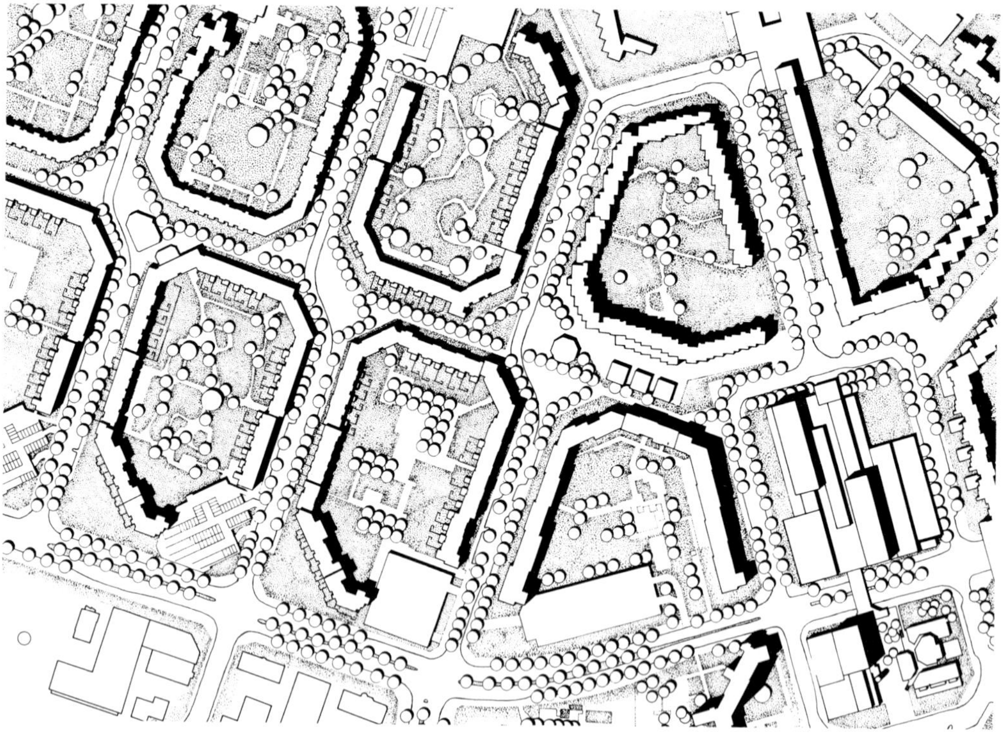

Die Wiederentdeckung des großen Wohnblocks und der zentral gelegenen Fußgängerstraße als Mittel der Kommunikation und einer neuen Urbanität.
(Candilis, Suhr, Frick u.a.: Stadtteil Steilshoop in Hamburg 1965)

11) Göderitz, J. / Rainer, R./ Hoffmann, H.
Die Gegliederte und aufgelockerte Stadt Tübingen 1957

12) Rainer, R. „Städtebauliche Prosa" Tübingen 1940

13) Reichow, H.B. Organische Stadtbaukunst — Von der Großstadt zur Stadtlandschaft
Braunschweig, Berlin, Hamburg 1948

Die „Gegliederte und aufgelockerte Stadt" als Leitbild

Zusammengefaßt ist das gestalterische Leitbild der 50er Jahre in der erst zum Ende des Jahrzehnts erschienen Schrift von Göderitz, Rainer und Hoffmann: (Hierzu Korreferat von Hoffmann) Die „Gegliederte und aufgelockerte Stadt".[11] Nicht, daß die Zeit vorher ohne gedruckte Leitbilder geblieben wäre. Schon 1948 waren Rainers „Städtebauliche Prosa"[12] und Reichows „Organische Stadtbaukunst"[13] erschienen.

Aber das Buch, das den quasi sogar wissenschaftlichen Beweis für die Optimierung dieser Stadtbauform liefern sollte und der Epoche sozusagen noch im Nachhinein ihr Schlagwort aufgedrückt hat, hatte eben jenen Titel: „Die Gegliederte und aufgelockerte Stadt."

Der Theorie der gegliederten und aufgelockerten Stadt liegen die folgenden Maxima zu Grunde:

1. Allzu große Städte sind ungesund. Eine konkrete Empfehlung für die optimale Größe wird nicht gegeben. Aber die Größe um 300.000 scheint das Maximum zu sein.

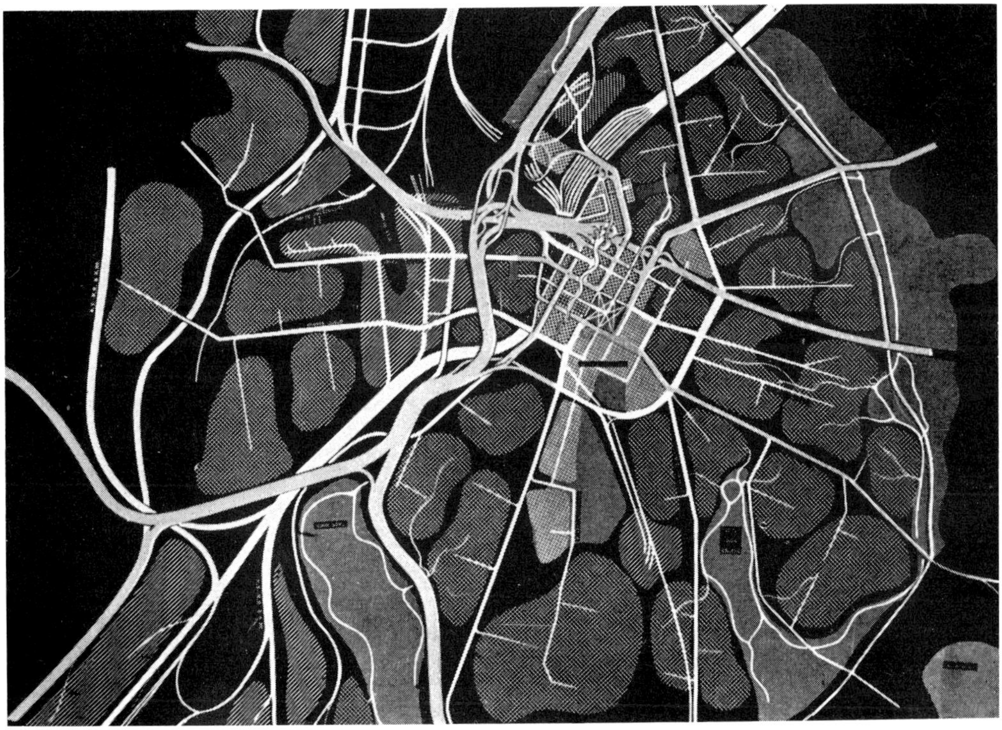

Die „Gegliederte und aufgelockerte Stadt“ als Leitbild
(Göderitz, Rainer, Hoffmann 1957)
(Norden ist rechts)

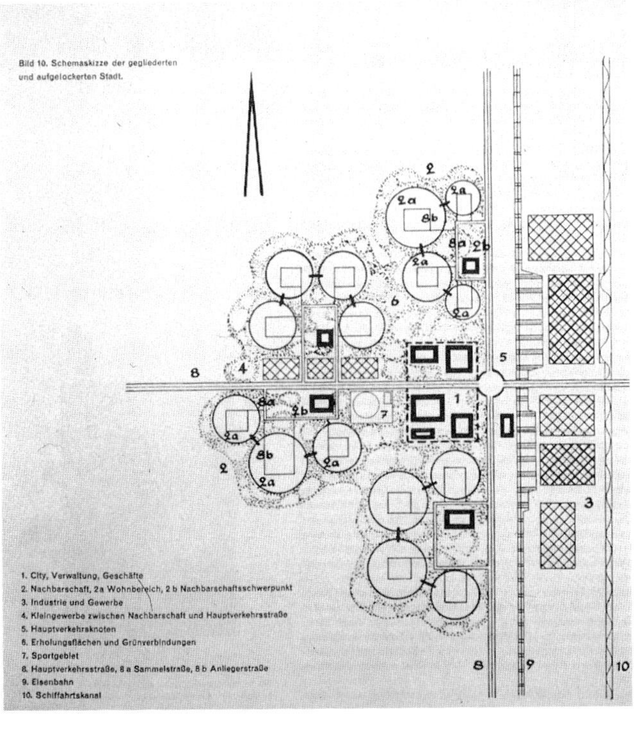

Schemaskizze der „Gegliederten und aufgelockerten Stadt“ als Bandstadt.

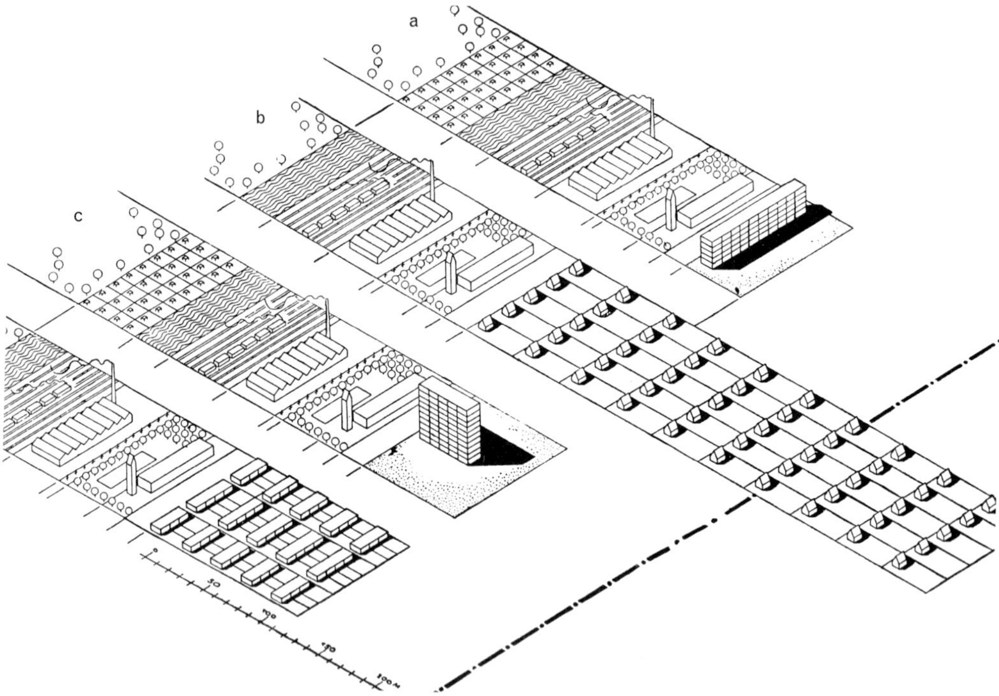

Der Nachweis der Wirtschaftlichkeit des Flachbaus als wesentliches Kriterium der Auflockerung: Bei geplanten Flachbauformen ist (theoretisch) der Flächenverbrauch nur unwesentlich größer als bei Hochhaus- und Geschoßbauten. Dieser Vergleich trifft allerdings nur bei den vorgesehenen sehr großen (gesunden) Abstandsflächen zwischen den höheren Bauten zu.

2. Die Neuordnung der Städte durch Gliederung, Auflockerung und organische Gestaltung ist das Ziel. Die Aufgliederung ermöglicht „zellenhaftes" Wachstum.

3. Die Möglichkeit zur unterschiedlichen Zonung und Bauklassierung muß auch im städtebaulichen Detail gegeben sein, um eine spannungsvolle Gestaltung auch in den einzelnen Stadtteilen durchführen zu können.

4. Die optimale Dichte ist im zweigeschossigen Reihenhausbau zu erreichen. Sie liegt bei etwa 40 WE/ha.

5. Eine Erhöhung der Geschoßzahl über 3 oder 4 Geschosse hinaus bringt keinen nenennswerten Flächengewinn mehr, immer vorausgesetzt, man will den Bewohnern ein Optimum an Besonnung zukommen lassen, und die Ausstattung mit Freiflächen ist für die Bewohner der Bauten aller Geschoßzahlen gleichwertig.

6. Die durch „den Krieg eingetretene Schädigung des Volkskörpers" fordert für ein gesundes Familienleben das Einfamilienhaus mit Garten.

7. Die Überhöhung der im Ganzen flachgebauten Stadt mit den größeren Bauten der Gemeinschaft führt zu einer eindrucksvollen Silhouette.

Es wurden natürlich auch bald die Schwachstellen dieser Theorie sichtbar. Der erste grundlegende Irrtum, nämlich die Unmöglichkeit, die Größe der Stadt in einer freien Wirtschaftsordnung wirklich zu begrenzen, ist schon besprochen worden.

Die zweite Fehleinschätzung lag in der Hoffnung, die physich geschaffenen Nachbarschaften würden in einer Großstadt auch sozial funktionieren. Das war aber nur sehr begrenzt der Fall. Die Annahme der Planer, wer in einer räumlich abgegrenzten und begreifbaren Nachbarschaft wohnt, wird auch ein entsprechendes Gemeinschaftsgefühl entwickeln, mußte deshalb falsch sein, weil eben im Gegensatz zum dörflichen Bereich die Menschen in einer Großstadt doch sehr unterschiedlichen Beschäftigungen nachgehen, daher eben nicht die gleichen Sorgen und Interessen haben wie auf dem Land. Auch in der Freizeit werden sie sich ihren speziellen Interessen und Neigungen entsprechend Bekannte und Freunde in der ganzen Stadt suchen und sie natürlich nicht durch die Nähe der zufälligen räumlichen Nachbarschaft bestimmen lassen.

Ein weiterer Irrtum waren die eben ganz anders verlaufenden Entwicklungen der Wirtschaft und speziell der Motorisierung, die beide in der Tat 1948 so überhaupt noch nicht vorauszusehen waren. Die Entwicklung der Wirtschaft verschob ab Ende der 50er Jahre ihre Schwerpunkte deutlich vom produzierenden Sektor zu Handel und Dienstleistung. Das erforderte andere Bauformen, aber auch andere Standorte, als sie bisher in der Vorstellungswelt der Planer bestanden. Die Wiederentdeckung der Innenstädte als merkantile Zentren stand bevor.

Die generelle Kritik würde sich heute wohl eher an dem unbekümmerten Optimismus der Botschaft festmachen: „Ist der Stadtkörper durch und durch gesund, so werden auch die in ihm lebenden und ihn bildenden Menschen gesunden Sinnes sein." Über den Glauben an solche einfachen Zusammenhänge zwischen Form und Wirkung in der Stadtplanung sind unsere Erfahrungen längst hinweggegangen, und es mutet geradezu rührend an, daß es eine Planergeneration gab, die auf solche Wirkungen zu hoffen wagte.

Die Entwicklung der Motorisierung ermöglichte und forderte — später auch im Zusammenhang mit der explodierenden Entwicklung der Bodenpreise — neue und weit von den Arbeitstätten liegende Standorte für die Wohnquartiere. Beides machte die Vorstellung von einer abgeschlossenen, gegliederten und aufgelockerten Stadt schließlich zunichte. Hierzu gab es schon Anfang bis Mitte des nächsten Jahrzehnts eine ausführliche kritische Literatur:

Jane Jacobs weist in ihrem „Tod und Leben großer amerikanischer Städte“[14] in vielen zutreffenden Einzelbeobachtungen auf die Vorzüge der gewachsenen Stadt mit ihren funktional und im Baualter gemischten Vierteln hin gegenüber dem Leben in den neuen nach Funktionen getrennten Gebieten, die eine sogenannte moderne Stadtplanung errichtet hat. Sie greift so ziemlich alle Tabus der modernen Stadtplanung und die Charta von Athen an: die Mischung der Funktionen, eine höhere Bebauungsdichte, das architektonisch unbefriedigende, weil chaotische Erscheinungsbild, und erklärt all dies für nützlich oder gar nötig für das Leben in einer großen Stadt. Sie erkennt die viel größere Komplexität aller Lebensvorgänge und Zusammenhänge als es sich die spezialisierten Planer der Architektur, der Verkehrswissenschaften, der Baufinanziers bisher vorgestellt haben.

Wenn sie auch selbst keinen konkreten neuen Stadtplan vorschlägt und vieles den Stadtplanern anlastet, was sich einfach aus den Mechanismen von wirtschaftlichen Abläufen ergibt, so bringen doch ihre Beobachtungen viele Planer zum Nachdenken. Mindestens der Versuch, wieder Funktionen zu mischen und bei Slum-Sanierungen den „großen“ Lösungen zu mißtrauen, geht wohl auf ihr Konto und das einer Handvoll engagierter Sozialwissenschaftler zurück.

Auf Jane Jacobs, die die Zustände in den Vereinigten Staaten schildert, folgten in Deutschland Alexander Mitscherlich[15] und Wolf Jobst Siedler[16] in der Kritik der Stadtplanung. Bei Mitscherlich liegt der Schwerpunkt des Tadels eigentlich stärker auf der Gewinnsucht der Grundstücksbesitzer, die eine vernünftige Planung verhindern, als auf der Unfähigkeit der Planer zu besserer

14) Jacobs, J. Tod und Leben großer amerikanischer Städte
Frankfurt a.M. / Berlin 1963
Originalausgabe 1961

15) Mitscherlich, A. Die Unwirtlichkeit unserer Städte
Frankfurt a.M. 1965

16)Siedler ,W.J., Niggemeyer, E., Angreß, G. Die gemordete Stadt
Berlin 1964

Stadtplanung. Aber auch er verweist auf die Monotonie und „Unwirtlichkeit" der Städte. W.J. Siedler setzt mit seiner Kritik mehr von der emotionalen Seite an. Er beklagt ebenfalls die Monotonie und Lieblosigkeit moderner Bauformen und stellt sie in Essays und Fotos der alten, nun vollends untergehenden Stadt des vorigen Jahrhunderts gegenüber. Die Wirkungen dieser drei Schriften auf die Zeit ihrer Publikation sind schwer abzuschätzen.

Der Hauptvorwurf aber, den das kommende Jahrzehnt diesem Leitbild der gegliederten Stadt machen sollte, war eben der der säuberlichen Trennung der Stadt nach Funktionen, also nach Wohn- und und Arbeitsgebieten und der damit hervorgerufenen Defizite an Erlebnismöglichkeiten und an der bekannten Vereinsamung der Hausfrauen, die eine tüchtige Medienwelt alsbald zu den berühmten „grünen Witwen" hochstilisierte.

Der neue Mythos

Kurz, die vermeintlichen Mängel des alten Leitbildes der gegliederten und aufgelockerten Stadt wurden nun bitter beklagt und hervorgehoben, denn für die neuen Aufgaben des neuen Jahrzehnts wurde ein anderer Mythos gebraucht. Er wartete sozusagen schon am Horizont: „Die Urbanität durch Mischung und Dichte".

Die Gegliederte und aufgelockerte Stadt

Korreferat von Hubert Hoffmann

Nach 40 Jahren ist es zweifellos richtig, die Erfahrungen einzelner — in dieser Zeit tätiger Planer zu sammeln und zu vergleichen, um zu einem Bild der Geschichte zu kommen — oder, im Sinne Spenglers zu einer faßbaren „Legende". Dieses Bild kann m.E. durchaus jene weitgehenden Unterschiede aufzeigen, die in dem Geschehen enthalten waren, die z.T. auch mit den differierenden Vorgängen in Ost- und Westdeutschland zu erklären sind.

Man kann, im Gegensatz zu einer weit verbreiteten Meinung (die hier auch vom Kollegen Durth vorgetragen wird) durchaus von einer „Stunde Null" sprechen — sofern darunter jener Zeitraum betrachtet wird: *Zwischen dem Abbruch einer bestimmten gesellschaftlichen Struktur und dem Beginn eines anderen abweichenden Gefüges.*

Auf den Zusammenbruch der nationalsozialistischen Diktatur bezogen, umfaßt diese „Stunde" einen Zeitraum von etwa 10 Jahren, dessen Ende durch Zielsetzungen der neugebildeten Machtverhältnisse (Gesetze über Eigentum am Boden) definiert war. Damit waren gesellschaftliche Grundlagen gegeben, in deren Rahmen das Leben allgemein funktionieren konnte.

Es war nach der umfassenden Revolution 1917/18 eine „Zweite Stunde Null" — eine Chance, soziale Verbesserungen, Ideen und konstruktive Anfänge einer Demokratisierung der 20er Jahre aufzunehmen und weiter zu entwickeln. In dieser Zeit waren die Besatzungsmächte wenig interessiert an einer deutschen Eigenentwicklung (siehe Morgenthauplan). Weite Bevölkerungskreise schienen gelähmt durch katastrophale Lebensbedingungen, Hunger und Seuchen.

Trotzdem wurden bemerkenswerte Versuche unternommen, die Gesellschaftsordnung einer neuen demokratischen Freiheit nicht nur durchzusetzen, sondern ihr auch mit Hilfe von Verwirklichungen im Stadt- und Landschaftsraum Gestalt zu geben. An diesen Pionierarbeiten haben jene besonders Betroffenen mitgewirkt, die in Lagern verbannt waren — dazu antifaschistische Geheim-Verbindungen, *wie die Berliner „Freitagsgruppe".*

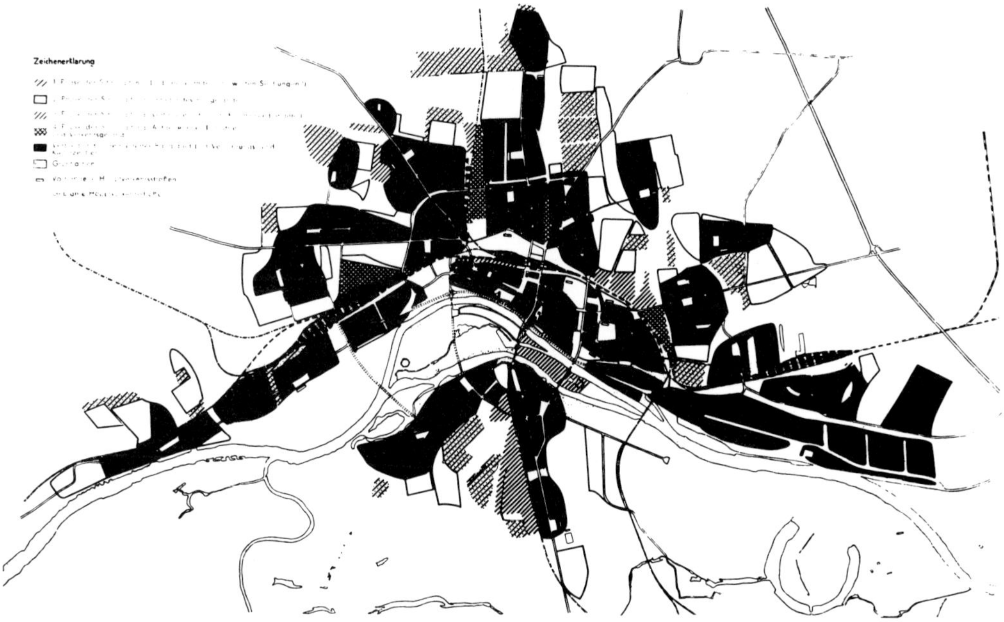

Neuplanung Magdeburg 1945—1948 (Hubert Hoffmann)
Ausschnitt des Gesamtplanes. Die total zerstörte Innenstadt erforderte den Ausbau und die Ergänzung der Außenbezirke für etwa die Hälfte der Bevölkerung.
Auflockerung und Gliederung des Stadtgebietes durch ein „gesteuertes Schrumpfen".
(Schraffierte Flächen)

Vor allem Planer, die in offiziellen Städtebau-Organisationen der N.S.-Akademien u.a. (Rimpl, Niemeyer) eine Mehrheit bildeten. Sie waren nun in der Lage, ihre z.T. illegal erarbeiteten Ideen zu Beginn der „Stunde Null" unmittelbar in Aufbau-Vorschläge umzusetzen. Daß nur geringe Realisierungen erfolgten, lag an den chaotischen Zuständen und einer nicht existierenden Bauwirtschaft.

Daß bereits angenommene Planungen später unbeachtet blieben — oder rückgängig gemacht wurden, lag vor allem an der noch nicht gelösten Bodenfrage bzw. dem Widerstand der internationalen Bau- und Bodenspekulation, durch deren Einfluß *die Weichen für eine künftige Entwicklung um die Mitte der 50er Jahre in eine falsche Richtung geschaltet wurden,* wobei der Satz von Hegel (auch von Marx übernommen): „Freiheit ist Einsicht in das Notwendige" abgewandelt wurde in: „Freiheit ist die totale Ausnutzung aller Möglichkeiten profitable Geschäfte zu machen". So wurde z.B. der Versuch Scharouns als Stadtbaurat von Berlin, den Bodenpreis auf eine halbe Reichsmark zu fixieren (also eine indirekte Enteignung zum Nutzen der notwendigen Neuaufteilung und zweckmäßigen Bodenordnung) von den Besatzungsmächten abgelehnt!

Die materiellen Aufwendungen des Aufbaus waren zweifellos beachtlich, *der Mangel an geistigen Erfolgen steht hierzu in einem erheblichen Widerspruch,* eingeschlossen deren Bemühungen um Sozialverträglichkeit. In der Tat werden die Phasen unterschiedlicher Gestaltung immer kürzer, die Überschneidungen derart, daß sie den Laien (außer einigen Snobs) kaum noch beeindrukken — sie werden als „Mode" angesehen, erfunden zum Zwecke des schnelleren Umsatzes. Dieses geschäftliche Moment der „Obsolescence" ist neben der Suche nach Leitbildern oder Mythen nicht zu unterschätzen! D.h. der ungeistige Anteil an dem Wandel nimmt gegenüber dem geistigen Anteil — dem intellektuellen der Leitbilder und dem irrationalen der Mythen — ständig zu!

Sieht man einmal ab von den Nuancen der einzelnen Richtungen (etwa „Hightech" und „Dekonstruktivisten") und betrachtet die Gesamt-Tendenz der Entwicklung in den 40 Jahren, dann fällt auf, daß eine Priorität des „Geschäfts-" des „Big-Business" bis zu hemmungsloser Korruption das Geschehen immer stärker prägt — und *die Bemühungen um soziale Qualität und den Ausdruck einer demokratischen Gesellschaft immer mehr an Bedeutung verlieren.*

Innerhalb dieser Entwicklung spielt der „Mythos Urbanität" eine besondere Rolle. Der Ausgangspunkt war nicht nur die „formale Spannung durch Dichte", son-

Berlin-Moabit
Wohneinheit für 10 000 Einwohner, Umbau eines teilzerstörten Innenstadtgebietes (H. Hoffmann, W. Rossow 1956)
Fußgängerstadt, 70% der Einwohner (Familien) in Flachbau, 30% (fluktuierende Bevölkerung) in Punkthäusern.

dern die massive Suggestion der Bodenspekulanten. Die „Postmoderne“ hat sich in ähnlicher Weise ausgewirkt, indem sie die Unabhängigkeit der Architektur von gesellschaftlichen Voraussetzungen propagierte. Der reaktionäre Hintergrund einer Rückkehr in eklektische Methoden wurde verschwiegen.

Aber es gab ein Leitbild, das kaum erwähnt wurde: Das sogenannte „Organische Bauen“, m.E. der eigentlich wirkliche Funktionalismus, in dem Gesetze der Region beachtet werden und die Bewegung zum Ausdruck kommt — in gewisser Weise eine Fortsetzung der „Moderne“, ein Mythos, dem am ehesten bis heute Gültigkeit zukommt.

Die hier folgenden Diskussionsbeiträge von Hubert Hoffmann zum Vortrag von Müller-Raemisch sind der besseren Übersicht wegen dort als Fußnoten aufgeführt.

Zur gegliederten und aufgelockerten Stadt (S. 15ff.) führt Hubert Hoffmann folgendes aus:

zu 1 Die unterste Grenze liegt bei 25.000 E (wirtschaftlichste Größe).
Eine optimale Größe bei 100.000 E (alle Funktionen sind gegeben). Die obere Grenze liegt bei 300.000 E (Möglichkeit eines zellenhaften Wachstums bis zu dieser Größe ist gegeben.) Gliederung erfolgt durch „Grün-Bänder“ für Naherholung, Fußgänger, Radfahrer.

zu 2 Die unterschiedliche Zonung erfolgt nach Dichten (Gfz 0,5 — 2,0, d.h. ein Unterschied von 1 : 5 gegen 1 : 20. Keine Bauklassierung, um spannungsvolle Kontraste zu erzielen!

zu 4 Übertriebene Weiträumigkeit damals aus Luftschutzgründen! Weiterentwicklung: „die stadt von morgen“ (1956) zeigt Dichten von 65-100 WE/ha. Meine Schrift „Verdichteter Flachbau“ weist nach, daß 120 WE/ha möglich sind. (WE = Wohneinheit)

zu 5 siehe 4 Gleichmäßige Annahme von 100 qm/E war Berechnungsgrundlage (E=Einwohner).

zu 6 Nicht nur Kriegsfolge — lt. mehrfach erfolgter Statistik fordert die Bevölkerung zu 70-80% das Einfamilienhaus. Dies entspricht etwa dem Anteil an Familien, deren Forderungen durch „verdichteten Flachbau“ in unserem Leitbild wirtschaftlich erfüllt werden könnten.

Zur Frage der Begrenzung: Unterhalb von 300.000 E gibt es keine Begrenzung! Voraussetzung ist eine unbürokratische wirtschaftliche Beratung in Standortsfragen durch Landesplanung!

Die nicht funktionierende Nachbarschaft ist ein „bürgerliches Vorurteil". Arbeiter, Handwerker und kleine Angestellte wissen den Vorteil zu schätzen und nutzen ihn, ganz zu schweigen von den vorbildlichen Kontakten in den USA. Aber auch in zahlreichen Beispielen in Nord-Europa. Oder besuchen Sie Puchenau von R. Rainer, die Siedlung von J. Lehmbrock bei Düsseldorf oder Halen bei Bern.

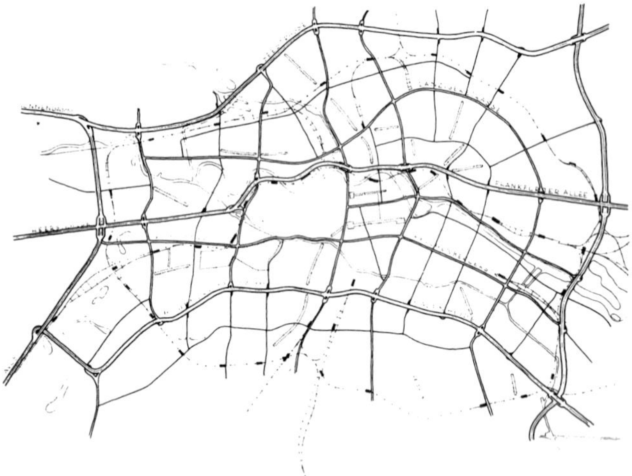

Straßenverkehrsnetz für Berlin als Ergänzung des Scharounschen „Kollektivplanes" durch Einbeziehung vorhandener Transversalen. (H. Hoffmann, W. Rossow)

Die durch Motorisierung anders verlaufende Wirtschaft

Der Verfasser dieses Beitrages war ab 1933 zweieinhalb Jahre Hauptassistent am Institut für „Kraftverkehr und Städtebau" der T.U. Berlin und hatte eingehende Kenntnis der USA-Literatur. Eben um Verhäuselung einerseits und Verkehrsballungen andererseits — aber auch um vorstädtische Großsiedlungen zu vermeiden, wurde die Idee der „Gegliederten und aufgelockerten Stadt" entwickelt, um die dezentralisierenden Möglichkeiten, die im Wesen des individuellen Kraftverkehrs gegeben sind, zu nutzen. Daß die Ölindustrie mit der Autoindustrie umgekehrt uns ihre Interessen aufzwingt, ist keine „eben ganz anders verlaufende Entwicklung", sondern der Mangel unserer „Demokratie", sich wichtigste Lebensbedingungen diktieren zu lassen!

Der Hauptvorwurf: Die säuberliche Trennung — ist ein Irrtum — sogar die CIAM haben nur die Trennung von *stark störenden* Funktionen verlangt.

Unter Abbildung 23/1 steht im Originaltext: Die gegliederte und aufgelockerte Stadt: „Ein räumlich lockeres, aber funktional eng verflochtenes Gewebe einzelner Zellen menschlicher Masse".

Über den Glauben an solche einfachen Zusammenhänge zwischen Form und Wirkung in der Stadtplanung sind *unsere Erfahrungen:* Es geht um einen sehr „bekümmerten Optimismus". In einer Gesellschaft, die geistige Interessen an letzter Stelle wertet und Städten, in denen die Mehrzahl der Betroffenen „Raumtaub" geworden ist, erscheint die Frage, warum wir uns eigentlich um Raum- und Stadtgestaltung bemühen, berechtigt! . . . .

Zusammengefaßt: Alle Mythen und Leitbilder der letzten 40 Jahre werden überschattet von der Macht und der Suggestion von Profit! Dr. J. Lehmbrock und Wend Fischer haben dem Typ dieser Stadt mit Recht den Titel „Profitopolis" verliehen. Bemühungen um Demokratie werden bei Diskussionen und in der Literatur geduldet, denn die Symbole von Oligarchie = Türme demonstrieren unmißverständlich die Wirklichkeit! Der notwendige „Umbau" städtischer Gebilde wird sicher nicht auf Tagungen entschieden.

Fällig wäre: *Die ökologische Stadt — aus dem Gesetz des Orts — in menschlichen Proportionen — und den Mitteln von sanfter Technologie durchgeführt.*

Von der Großstadt zur Stadtlandschaft

Korreferat von Werner Durth
zu den 40er und 50er Jahren

Im Jahre 1948 erschien als erstes Lehrbuch für einen neuen Städtebau nach dem Weltkrieg der Band „Organische Stadtbaukunst“ von Hans Bernhard Reichow. Mit dem programmatischen Untertitel „Von der Großstadt zur Stadtlandschaft“ wird darin ein radikaler Wechsel von der „statischen“ zur „organischen“ Betrachtungsweise gefordert und ein „dynamisches Stadtideal“ proklamiert.

Eindrucksvoll wird der starren Geometrie der großen Achsen und Platzanlagen in den Neugestaltungsplänen der NS-Zeit die „organische“ Struktur weich schwingender Verkehrsbänder mit aufgelockerter Randbebauung in weiträumig angelegten Grünflächen gegenübergestellt; im Rückblick erscheint die „Baukunst im Dritten Reich“ als letzter, verspäteter Ausläufer des Konzeptes der architektonisch streng gefaßten Steinernen Stadt des 19. Jahrhunderts mit ihren „ungesunden“ Mietskasernen und Korridorstraßen.

Mit dem Ziel einer Versöhnung von Stadt und Natur wird die Bilanz bisheriger Reformversuche im Städtebau vorgestellt und ein tiefgreifender Neubeginn intendiert: Von Reichows Begründung einer neuen Stadtbaukunst in biologischen Gesetzmäßigkeiten und den einprägsamen Schemaskizzen in diesem Buch geht über ein Jahrzehnt ein wichtiger Einfluß auf die Sprache, Entwürfe und Bilder der Planer des Wiederaufbaus aus.

Knapp zehn Jahre nach der Veröffentlichung dieses Lehrbuchs erscheint 1957 „Die gegliederte und aufgelockerte Stadt“ von Johannes Göderitz, Roland Rainer und Hubert Hoffmann, nun eher eine Zusammenfassung jenes breiten Konsens, der die erste Nachkriegsdekade bestimmte: Auch in diesem Buch steht der Begriff der Stadtlandschaft im Zentrum, der als „sinnfällige“ Synthese die verschiedenen technischen Maßnahmen zur Gliederung und Auflockerung der Städte zu einem differenzierten Vorstellungsbild zusammenge-

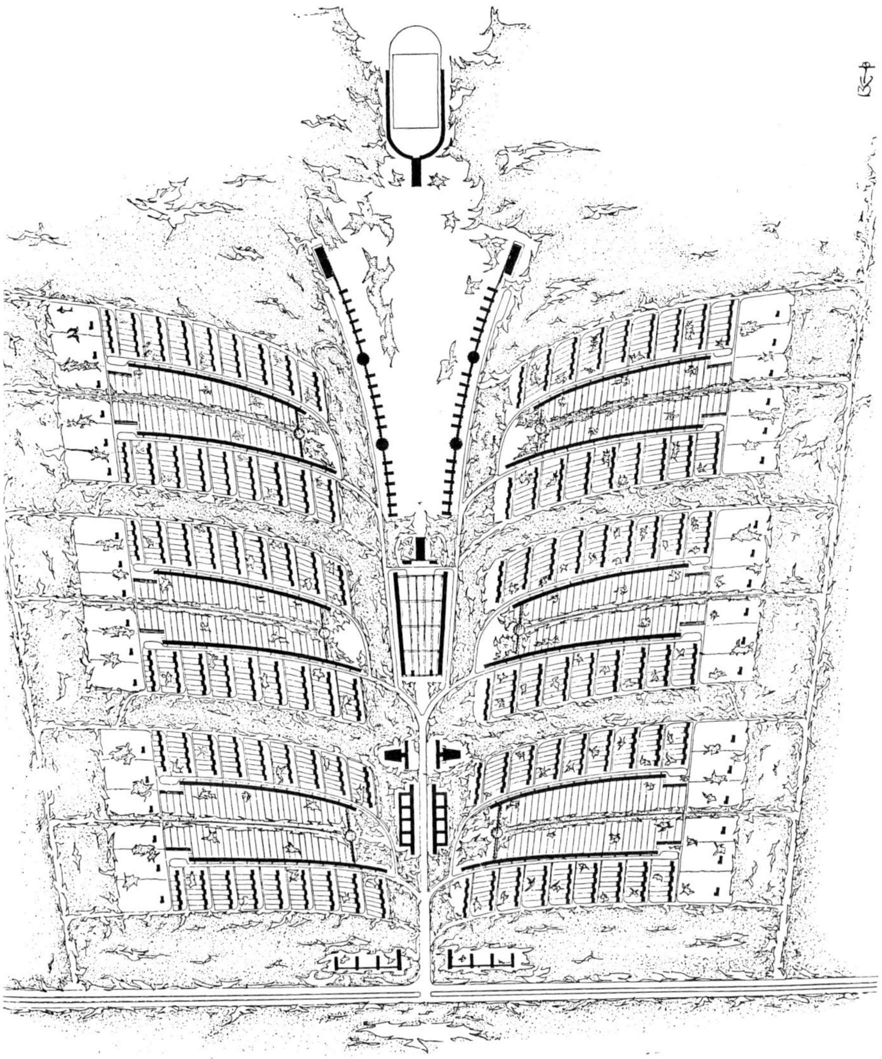

„Organische" Nachbarschaftseinheit (H. B. Reichow) 1948
Die Verkehrserschließung in Blattform, Fußgängerverbindungen an den äußeren Rändern der Bauzonen, die Mittelachse mit dem Stadion als Blickpunkt verleiht der Anlage Monumentalität

fügt, das als „Leitbild" vielen der inzwischen realisierten Planungen der fünfziger Jahre die gemeinsame Richtung vorgab. So bildet dieses Buch gleichsam den Abschluß einer Epoche, die offensichtlich mit dem Wiederaufbau nach der „Stunde Null" begann und im Übergang zum Konzept der regionalen Verdichtung im Rahmen durchgreifender Modernisierungsstrategien um 1960 ihr Ende fand.

Bemerkenswert erscheint indessen unter Aspekten der Planungs- und Sozialgeschichte, daß beide Bücher wie das ihnen zugrundeliegende Konzept der Stadtlandschaft insgesamt nicht erst aus den Trümmern und aus dem Geist eines demokratischen Neubeginns entstanden, sondern in einer Kontinuität städtebaulicher Entwicklungsvorstellungen stehen, die in dem noch kaum beleuchteten Zeitraum zwischen 1938 und 1948 ihre prägnantesten Ausprägungen erfahren hatten. Beiläufig wird im Geleitwort zum Buch von Göderitz, Rainer und Hoffmann darauf hingewiesen, daß die Arbeit „bereits im Zweiten Weltkrieg abgeschlossen" war. Die Drucklegung wurde ab 1943 vorbereitet, im Titel sollte ebenfalls von „Organischer Stadtplanung" die Rede sein; als Reichows Parallelarbeit zur gleichen Zeit bekannt wurde, entschied man sich anders. Reichow hatte schon 1940 eine umfassende Studie zum Stettiner Raum erarbeitet, in der das künftige Wachstum der Stadt im Bild einer weiträumigen Stadtlandschaft entlang der Oder vorgestellt wurde. Im gleichen Jahr 1940 hatte er gemeinsam mit Wilhelm Wortmann, Stadt- und Landesplaner in Bremen, als Berater des Hamburger Neugestaltungsarchitekten Konstanty Gutschow am Konzept einer Umwandlung der Hansestadt zu einer weiträumigen Stadtlandschaft mitgearbeitet, in der die repräsentativen Bauten und Platzanlagen in eine durchgreifend modernisierte Stadtstruktur eingebunden werden sollten, die sich aus einzelnen „Siedlungszellen" entsprechend der politischen Gliederung der NSDAP in einzelne „Ortsgruppen" zusammensetzte. In engem fachlichen Kontakt zu dieser Planergruppe stand unterdessen der Sekretär der Deutschen Akademie für Städtebau, Reichs- und Landesplanung, Johannes Göderitz, der Gutschow bat, in einem geplanten Handbuch der Akademie das Konzept der „Ortsgruppe als Siedlungszelle" ausführlich darzulegen.

Insgesamt läßt sich behaupten, daß 1940/41 mit Blick auf den erwarteten „Siegfrieden" ein Planungs- und Modernisierungsschub einsetzte, der in seiner Wirkung bis in die sechziger Jahre reichte, da selbst der verheerende Bombenkrieg und sein katastrophales Ende nicht auch das Ende dieser Planungen bedeuteten, sondern ihre konsequente Weiterentwicklung sogar noch vorantrieben. So wurde die Zerstörung der „Steinernen Stadt" mit ihren Korridorstraßen und Mietskasernen als unverhoffte Chance zur Durchsetzung jener Pläne betrachtet, die seit den Neugestaltungserlassen Hitlers die Transformation der Großstadt zur Stadtlandschaft vorsahen.

Insbesondere die Pläne zum Wiederaufbau Hamburgs, die zwischen 1943 und 1945 von Gutschow, Hillebrecht, Reichow, Wortmann und einigen anderen in der Nachkriegszeit prominenten Stadtplanern erarbeitet wurden, zeigen Züge der „Auflockerung" und „Gliederung" in Richtung auf eine radikale Modernisierung der Stadtstrukturen, wie sie in der Tendenz erst nach Währungsreform und Stabilisierung der Wirtschaft in den fünfziger Jahren zum Tragen kamen. Daß sich gerade die in Hamburg und Berlin entwickelten Gedanken trotz kriegsbedingt gestörter Kommunikation auch noch vor Kriegsende in der Fachwelt weit verbreiten konnten, verweist zudem auf die Wirksamkeit des vom Rüstungsminister Albert Speer 1943 eingerichteten „Arbeitsstab Wiederaufbauplanung", an dem Konstanty Gutschow maßgeblich beteiligt war: Hier ging es erklärtermaßen nicht mehr um die Fortsetzung der repräsentativen Momente der NS-Neugestaltungspläne, sondern um die Modernisierungschance, die in der Zerstörung der Städte lag. Entsprechend erklärte Albert Speer in seiner programmatischen Rede am 30. November 1943, daß es nun nicht mehr länger um irgendwelche „hochkünstlerische Ideen" mit den obligatorischen Nord-Süd- und Ost-West-Achsen ginge, sondern um sparsamsten Wiederaufbau bei durchgreifender Neuordnung der Verkehrssysteme unter Abbruch störender Bauten.

Rasch wurde im Wiederaufbau tatsächlich der Weg von der Großstadt zur Stadtlandschaft in der damals vorgegebenen Richtung beschritten.

Die Ziele der Gliederung und Auflockerung der Städte wurden unbefragter Konsens bei Architekten und Planern sowohl der älteren als auch der jüngeren Generation: den einen als demonstrativer Abschied von den monumentalen Neugestaltungsplänen im „Dritten Reich", den anderen als Gegen-Bild zur herkömmlichen Stadt in der Perspektive einer befreiten Zukunft. Daß die entsprechenden Planungen im Wiederaufbau so rasch Gestalt annehmen konnten, lag jedoch nicht zuletzt daran, daß sie in wesentlichen Zügen längst vor 1945 vorbereitet worden waren:

— In den Richtlinien für einen „luftschutzgerechten Städtebau" waren in der Perspektive längerfristiger Kriegsführung zwecks Auflockerung der Bauweise unter Trennung der Funktionen bereits Forderungen formuliert, die sich nun unschwer mit den Lehrsätzen der „Charta von Athen" verbinden und damit als Nachweis modernsten Städtebaus in der Tradition der CIAM vorstellen ließen.

— Prinzipien zur „Gliederung der Siedlungsmasse", der Gebäude und Bewohner künftiger Städte waren bis zur statistischen Ermittlung optimaler Versorgungseinheiten von NS-Technokraten wie Gottfried Feder und Fritz Rechenberg formuliert worden, deren „Versuch der Begründung einer neuen Stadtplanungskunst aus der sozialen Struktur der Bevölkerung" weiterhin Richtschnur blieb.

— Längst formuliert war auch „Der Gedanke der Stadtlandschaft", der als integrierendes Bild den Einzelplanungen einen fiktiven Zusammenhang gab. Die Überlegungen, die Wilhelm Wortmann 1941 dazu in einem Artikel für die Fachzeitschrift „Raumforschung und Raumordnung" ausführte, könnten, bis auf einige Wendungen, ebenso einer Schrift der fünfziger Jahre entstammen: „Die künftige Stadt kann nicht die historische Stadt zum formalen Vorbild nehmen, denn sie unterscheidet sich wesentlich durch die weit größere Masse und die dadurch bedingte Weiträumigkeit und durch den völlig veränderten soziologischen Aufbau. Die Aufgabe heißt, die in der Stadt gegebene Häufung von Menschen und Arbeitsstätten so zu gestalten, daß die gegen die Stadt erhobenen Vorwürfe entkräftet werden; das Leben des Städters muß wieder gesund und lebenswert werden. Der Gedanke der Stadtlandschaft will diese Forderung erfüllen. Dieser Begriff ist mit Herabzonung der Baudichte und -höhe, mit Auflockerung und reicher Durchsetzung der Baugebiete mit Grünzügen nicht erfaßt. Die Stadtlandschaft will einen neuen zellenförmigen Aufbau der Stadt in bewußter Anlehnung an die politische Gliederung unseres Volkes, im Gedanken der Volksgemeinschaft und in lebendiger Beziehung zur Landschaft."

War der „Gedanke der Stadtlandschaft" und der „Ortsgruppe als Siedlungszelle" zunächst von oben betrachtet als Modell der Ausdifferenzierung staatlicher Macht und ihres Kontrollapparates mit Zugriff in Zelle, Block und Haus interpretierbar, konnte nun unter den Bedingungen einer demokratischen Gesellschaft gleichsam im Wechsel der Blickrichtung die Familie als „Keimzelle des Staates" und die „Nachbarschaft" als kleinste politische Einheit zum Aufbau der Demokratie von unten vorgestellt werden.

Dem Bild der Aufmarschplätze und gigantischer „Bauten der Partei", mit dem die NSDAP noch in jeder Stadt die Allgegenwart der Partei demonstrieren wollte, sollte und konnte in einer Zeit des programmatischen Rückzugs in die gerettete Privatheit und wiedergewonnene Individualität kein Konzept einer neuen, anderen Urbanität entgegengesetzt werden —: dies wurde das große Thema der sechziger Jahre, als den Konzepten der „Auflockerung" die Pläne zur „Verdichtung" der Städte folgten.

Urbanität durch Dichte

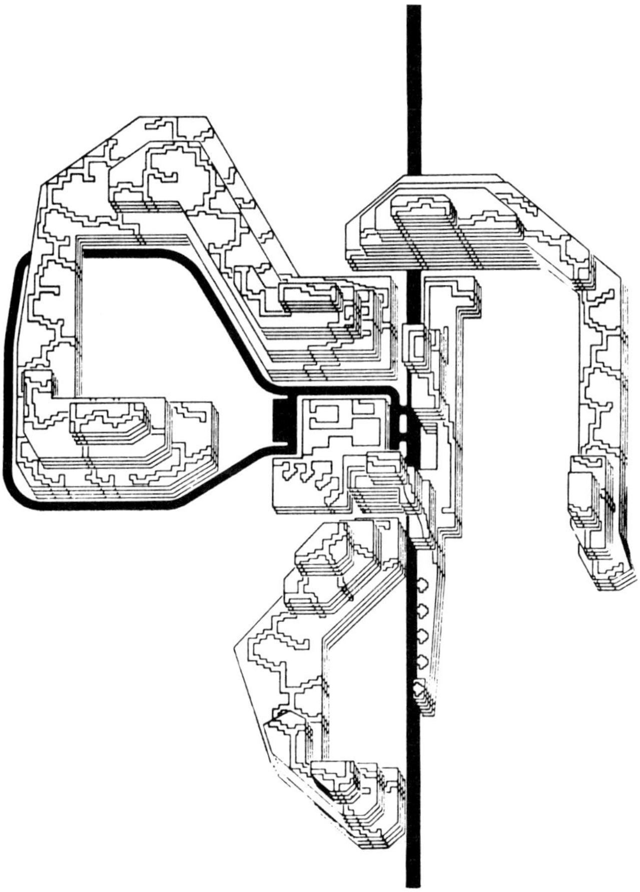

Urbanität durch Dichte

Die 60er Jahre

Von H.-R. Müller-Raemisch

Entwicklung in Politik und Wirtschaft

Die 60er Jahre sind die Zeit des großen technischen und wirtschaftlichen Aufbruchs. Der Glaube an die technische „Machbarkeit" aller Projekte wird auch durch die spektakulären Erfolge der Raumfahrt gestützt. Mit der ersten Landung vom Menschen auf dem Mond findet diese Entwicklung 1969 ihren vorläufigen Höhepunkt.

Wirtschaftswachstum und politisches Klima können in der Bundesrepublik Deutschland zunächst stabil gehalten werden.[1] Erst zum Ende des Jahrzehnts kündigen sich mit Studentenbewegung und Rezession Unruhen an. Damit besteht für die Stadtplanung einerseits die Möglichkeit, permanente Stadtentwicklung mit Hilfe von Wohnungs-, Schulbau und anderen öffentlichen und privaten Investitionen zu betreiben. Andererseits führt aber zu dieser Zeit der dauernde Investitionsdruck, besonders der privaten Wirtschaft, zu mancher ungesicherten oder auch falschen Standortentscheidung. Die anhaltende Konzentration von Kapital bringt neue Wirtschafts-, Produktions- und Handelsformen hervor und verlangt auch in der Stadtplanung die Einführung von baulichen und städtebaulichen Großformen.

Seit 1957 ist in der Bundesrepublik Vollbeschäftigung erreicht. Und in der Struktur der Beschäftigten selbst vollzieht sich in diesem Jahrzehnt ein deutlicher Wandel. Durch Rationalisierung in der Produktion werden in diesen Sektoren der Wirtschaft Arbeitskräfte frei. Sie werden vom sogenannten Tertiärsektor, dem Bereich der Verwaltung, des Handels und der Dienstleistungen aufgenommen. Auch dieser Strukturwandel der Wirtschaft hat erhebliche Auswirkungen auf den Städtebau[2], indem er die Standorte der Arbeitsstätten neu gewichtet. Der tertiäre Sektor sucht seine Standorte nicht mehr wie die produzierende Industrie am Rande der Stadt mit

1) hierzu: Ambrosius, G. Das Wirtschaftssystem in:
Benz (Hrsg.):
Die Bundesrepublik Deutschland
Frankfurt a. M. 1983

Gegen Konjunkturschwankungen wird eine Reihe von Gesetzen geschaffen, so z.B. schon 1959 „Gesetz zur Förderung der Beschäftigung in der Bauwirtschaft".

2) Hillebrecht, R. / Müller-Ibold, K.
Städte verändern ihr Gesicht
Strukturwandel einer Großstadt und ihrer Region, dargestellt am Beispiel Hannover, Stuttgart 1962

guten Verkehrsverbindungen und flächenhaften Erweiterungsmöglichkeiten, sondern legt Wert auf die „1a-Lagen" der Innenstadt.

Das Unbehagen am alten Leitbild: Die Monotonie und Monofunktionalität der aufgelockerten Siedlungen und der . . .

. . . landauf, landab entstandenen Schlafstädte . . .

Das Unbehagen am alten Leitbild

Zum Ende der fünfziger Jahre drohte das bis dahin herrschende Leitbild der aufgelockerten und gegliederten Stadt zum Ärgernis zu werden. Die suburbanen Neubausiedlungen, die schnell und in großer Zahl entstanden, waren zum Synonym für Monotonie und Trostlosigkeit geworden.

. . . führt zu einer neuen verzweifelten Suche nach „Urbanität", die aber auch in den neuen „verdichteten" Siedlungen nicht entsteht. (Bilder aus „Profitopolis")

Und der immer stärker werdende Autoverkehr, der immer mehr in den Mittelpunkt der Planungsdiskussion rückte, wird nun der inzwischen erfolgten Gliederung der Stadt in getrennte Wohn- und Arbeitsgebiete zugeschrieben, die eben die Wohnungen von den Arbeits-

Der wachsende, raumfressende Autoverkehr, dessen Strassen die alten Städte zerschneiden.
(Aus „Profitopolis“)

stätten getrennt hatte. Schließlich wird auch noch die Zersiedlung der Landschaft dem Gedanken der Auflockerung der Stadt angelastet.

Alles, wie sich bei näherer Betrachtung herausstellt, Halbwahrheiten, aber mit ihrer zunehmenden Erwähnung so recht dazu angetan, einem abdankenden städtebaulichen Mythos, hier eben dem der aufgelockerten und gegliederten Stadt, den Todesstoß zu versetzen.

Motive für einen neuen Mythos

In Wahrheit standen wohl andere gewichtigere Motive hinter dem Wandel, der sich hier anbahnte: Die Zeit der Bescheidenheit, die die ersten Jahre des Wiederaufbaus bestimmt hatte, war nach einem Jahrzehnt rasanter wirtschaftlicher Aufwärtsentwicklung endgültig zu Ende. Der Hang zur Repräsentation war schon in einzelnen Bauten der neu entstehenden Banken und anderer Institutionen sichtbar geworden. Nun aber verlangte die Konzentration in der Wirtschaft und besonders im Handel nach neuen Bauformen, die mit der herrschenden Vorstellung von Baudichte (GFZ 2,0) nicht mehr darzustellen war.

Die ärgste Not und das Verlangen nach einem „Dach über dem Kopf" waren weitgehend befriedigt, die ersten Vermögen waren entstanden und es war Zeit, sich nach Neuem umzusehen. Das neue Lebensgefühl war eben nicht mehr mit Bescheidenheit und „gesunder" Stadtgestalt allein darzustellen. Der Wunsch nach Größerem, eher Metropolenhaftem, hatte die Vorstellung von der kleinen überschaubaren Nachbarschaft längst verdrängt, ehe nun die ersten Großformen in Architektur und Städtebau entstanden.

Die Geburtsstunde des „Mythos der Urbanität" liegt ziemlich eindeutig fest. Man kann sie auf den Vorabend des 1. Juni 1960 datieren. Da begann die 11. Hauptversammlung des Deutschen Städtetages und Edgar Salin hielt hier seine berühmte Rede über Urbanität.[3] Er sprach über die attische und die römische Urbanität, auch über die einiger bürgerlicher Städte („obwohl die früh einsetzende Jagd nach dem Gelde große Teile des Bürgertums depraviert hat", wie er sich nicht enthalten konnte zu bemerken). Salin sprach von Urbanität als eigentlich städtischer Kultur, als „Wohlgebildetheit an Leib und Seele und Geist" und er sprach von der Pflicht des Bürgers, an den Dingen der Stadt Anteil zu nehmen. Nur von einem sprach er nicht: von der baulichen Verdichtung, durch die Urbanität gewonnen werden könnte. Das muß eine Zutat der späteren „Urbanitäter", wie sie Hebebrand zu nennen pflegte, gewesen sein.

3) Salin, E. Urbanität in Der Städtetag 7/1960

Wie auch immer, die Zeit war reif für eine neue Form der Stadt, und man kann dem Historiker und dem Philosophen nicht zum Vorwurf machen, was andere, die sein Wort mißverstehen, daraus entstehen lassen. Was wirklich entstanden ist, hat die deutsche Stadt wohl so stark verändert, wie kaum ein Jahrzehnt vorher oder nachher. Die Zeit lebte in einem ungeheuren Optimismus des wirtschaftlichen und des technischen Wachstums und in der Überzeugung, daß alle Aufgaben lösbar seien. — Wie auch nicht? Wenn man zum Mond fliegen könne, müßte man doch auch seine Städte in Ordnung bringen können.

Technische Utopien als neue Leitbilder:
z.B. „Paris spatial" eine vorgefertigte technische Großstruktur, die die alte Stadt überspannt und in die je nach Bedarf Gebäude eingehängt werden (Yona Friedmann 1962) . . .

Die gestalterisch-utopischen Modelle

Dabei sind um 1960 die ästhetischen Modelle für die neuen städtebaulichen Dichtevorstellungen schon vorbereitet. Sie sind getragen von unbedingtem Glauben an technischen Fortschritt und materiellen Wohlstand für alle. Und sie unterstellen dabei, daß der arbeitende Mensch sich allein schon durch den unausbleiblichen Wohlstand, den die technische Entwicklung schafft, auch würde emanzipieren können. In Fourastiés „Die große Hoffnung des 20. Jahrhunderts" finden die Planer die für ihre neuen Modelle erwünschte Entwicklung der Welt bestätigt.[4]

Als solch ein neues technisches Stadtmodell hatte Yona Friedmann schon 1957 sein „Paris spatial"[5] gezeichnet: eine utopische Vision der Überbauung von Paris mit einer präfabrizierten Großstruktur, in die Einzelelemente nach Bedarf eingehängt werden.[6] Kenzo Tange hatte vorgeschlagen, mit einer technisch ähnlichen Struktur die Bucht von Tokio zu überspannen. Portoghesi sah in riesigen, sich selbst mit Hilfe von Elektronengehirnen errichtenden Bausystemen vollautomatischer Produktion die Menschen schon von der Mühsal des täglichen Broterwerbs befreit. Die Gruppe Archi-

4) Fourastié, J.
Die große Hoffnung des 20. Jahrhunderts Köln 1954
und: Über die nahe Zukunft der Menschheit
in Bauen und Wohnen 11/1961

5) Friedmann, Y.
Paris spatial, u.a. in Bauen u.Wohnen 11/1962
interpretiert von J. Kannegießer

6) Gute Zusammenfassung und Interpretation dieser utopischen Stadtmodelle in:
Burckhardt, L. und Burghard-Schmidt
Utopie und Planung
Ausstellungskatalog der documenta Kassel 1972

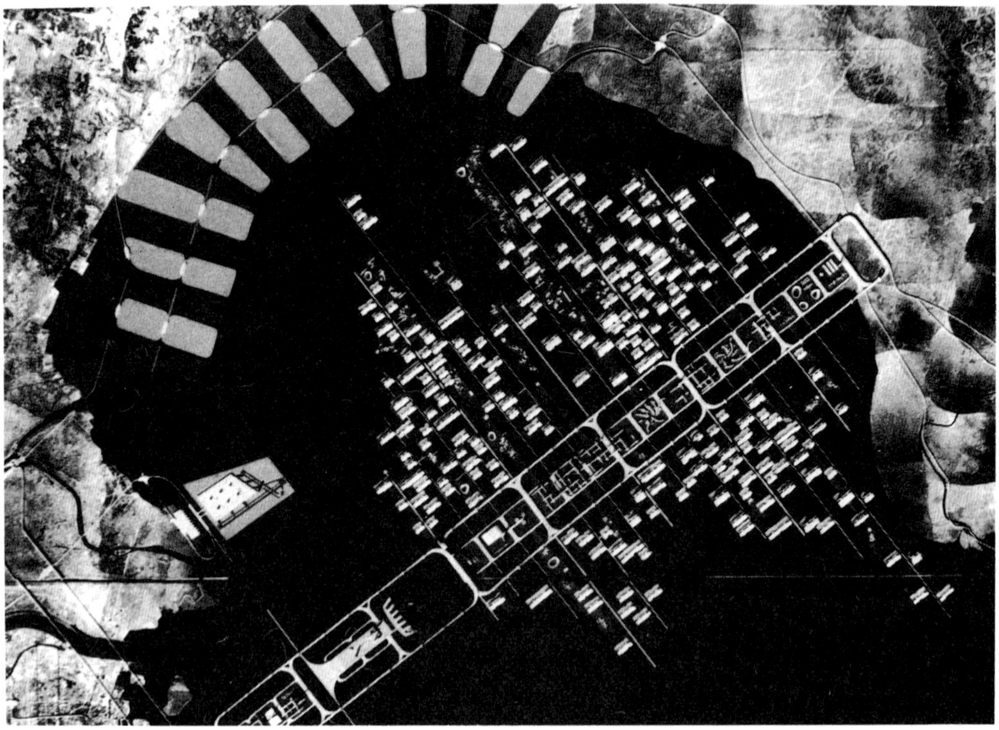

. . . oder die Überbauung der Bucht von Tokio ebenfalls mit technischen Primärstrukturen, in die die Nutzungsstrukturen später eingesetzt werden. (Kenzo Tange 1960)

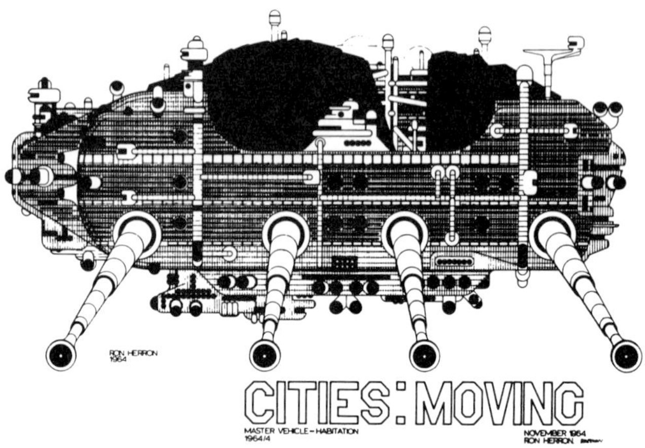

Die autonome Stadt als verpopte Utopie: „Cities moving“ (Ron Herron mit Archigram 1964)

gram entwarf ihre autonomen Systeme der „Moving cities“ und andere technoid – poetische Utopien.

Hinter all diesen phantastischen Objekten stand natürlich auch die Kritik an der trockenen Stadtplanung der 5Oer Jahre mit ihren zur Monotonie neigenden Formen. Und aus der Vorstellungswelt der neuen Utopien angeregt, konnten nun realere Großstrukturen entstehen.

Schon Anfang der 6Oer Jahre plante Candilis seine Stadterweiterung von Toulouse-Le Mirail.[7] Der Eindruck des Entwurfs mit seinen bandartigen Strukturen und seiner lebhaften Silhouette war für die Planer faszinierend. Le Mirail sollte Modellfall für eine ganze Generation Stadtbauentwürfe werden: Großformen und Megastrukturen.

7) Candilis, Josic, Woods Toulouse-Le Mirail -Stadt ohne Autos in Bauwelt 9/1963

Die neue Formensprache im Städtebau: Toulouse-Le Miraille, Großformen und Megastrukturen (Candilis, Josic, Woods 1962)

Die Menge des Gebauten

Die Planungen der 6Oer Jahre haben das Bild der Stadt von heute vielleicht am stärksten geprägt. Mindestens 6 Millionen Wohnungen wurden – zum überwiegenden Teil in neuen Großsiedlungen – gebaut. Das ist fast ein Drittel des bis 1970 vorhandenen Wohnungsbestandes in der Bundesrepublik. Aber auch der größte Teil der kommunalen Infrastruktur, von der Stadtautobahn über Schulen und Krankenhäuser bis zur Universität, wird in diesen Jahren geplant oder zumindest in Programme gesetzt. Bauaufgaben, die alle nach Verdichtung und Großform rufen.

Beseitigung der letzten Wohnungsnot

Der Wohnungsbau machte weiterhin den größten Teil der Baumaßnahmen aus. Zum Ende der 6Oer Jahre war der Wohnungsbedarf nach erheblichen baulichen und finanziellen Anstrengungen zwar nach der Zahl der verfügbaren Wohnungen pro Haushalt rein rechnerisch fast gedeckt. Aber die Verteilung des neugeschaffenen Wohn-

Und das Ende der Moderne:
(nach einer Interpretation von Charles Jencks)
Sprengung eines Wohnblocks (Pruitt Igoe in St. Louis 1972)

. . . oder ihre Rettung durch Nachdekoration (Fotomontage etwa 1982)

raums war höchst unterschiedlich über die verschiedenen Einkommensgruppen gestreut und wird keineswegs als sozial gerecht empfunden. Schon die unterschiedlichen Finanzierungsmodalitäten nach dem 1. und 2. Wohnungsbaugesetz, die die neueren Wohnungen spürbar verteuern, mußten

— die Belegung von subventionierten Wohnungen durch Mieter, die längst einkommensmäßig aus dem sozialen Schutzbereich hinausgewachsen sind, als Ungerechtigkeit festschreiben.

— Vor allem aber wurden die immer noch bestehenden Wohn- und Barackenlager für die „sozial Schwachen" zum permanenten Ärgernis für die Sozialpolitik.

Also wurden die Lager beseitigt, indem man mit erheblichen finanziellen Anstrengungen Hochhäuser und Wohnblöcke für die Lagerbewohner bereitstellte. Mit dem Erfolg, daß zwar die Lager beseitigt, aber in der Zusammenballung der sozial Schwächsten nun am neuen Ort wieder die gleichen Probleme entstanden. Die anonymen Bauformen und die anhaltende sozial schlechte Stellung trugen hier das Ihre zum einsetzenden Vandalismus bei.

So verwundert es eigentlich nicht, daß dann Anfang der 70er Jahre an einem großen öffentlichen Wohnbauobjekt in den Vereinigten Staaten, das wenige Jahre nach seiner Errichtung wegen der dort entstandenen sozialen Zustände geräumt und gesprengt werden muß, sich der ganze Zorn gegen die Bauformen einer überdimensionierten Moderne festmacht und der letzte Akt des Mythos, nämlich „Der Tod der Moderne" beginnt.

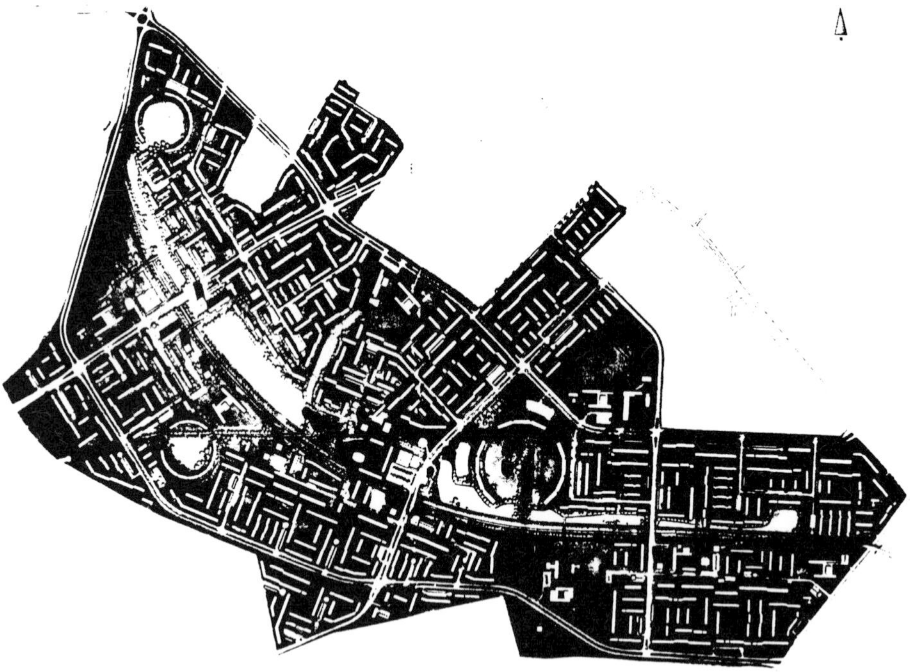

Der Untergang einer städtebaulichen Idee im Alltag der Baugesellschaften:

Berlin Gropiusstadt nach dem Entwurf von Walter Gropius mit TAC 1960/62 . . .

Die Spaltung des Wohnungsmarktes

Der Wohnungsmarkt hatte sich in viele Teilmärkte aufgelöst, deren permanente weitere Wohnungsproduktionen bald — und zwar mit erheblichem Landverbrauch — zu einer jahrelang andauernden Übersättigung des Marktes führen sollten.

Wirtschaftliche Konzentration und bauliche Großform

Im Wohnungsbau der neuen Stadtteile entwickelte sich eine Großform fast automatisch. Die Beseitigung auch der Reste der damaligen Wohnungsnot erforderte noch einmal erhebliche Finanzmittel. Glücklicherweise ist deren Bereitstellung aus den Steuern des wirtschaftlichen Aufschwungs möglich gewesen. Aber diese Mittel mußten nun auch im Sinne einer erfolgreichen Politik zügig in Gebautes umgesetzt werden. Der so entstehende Investitionsdruck ließ die Organisationen des privaten, aber besonders die des gemeinnützigen Wohnungsbaus wachsen. Der Zusammenkauf der benötigten großen Flächen, die Organisation von Großbaustellen, das ganze komplizierte Geschäft der Finanzierung und der Beschaffung der Genehmigungen war am Ende nur noch leistungsfähigen Großunternehmen möglich. Der Bau der großen Siedlungen am Ende des Jahrzehnts wurde dann nur noch von wenigen großen Bauträgern durchgeführt. Das führte zu weiterer Rationalisierung und Normierung der Bauten, die schließlich mit dem durch die Präfabrikation weiter eingeengten Formenkanon immer mehr zu Monotonie und Tristesse neigten.

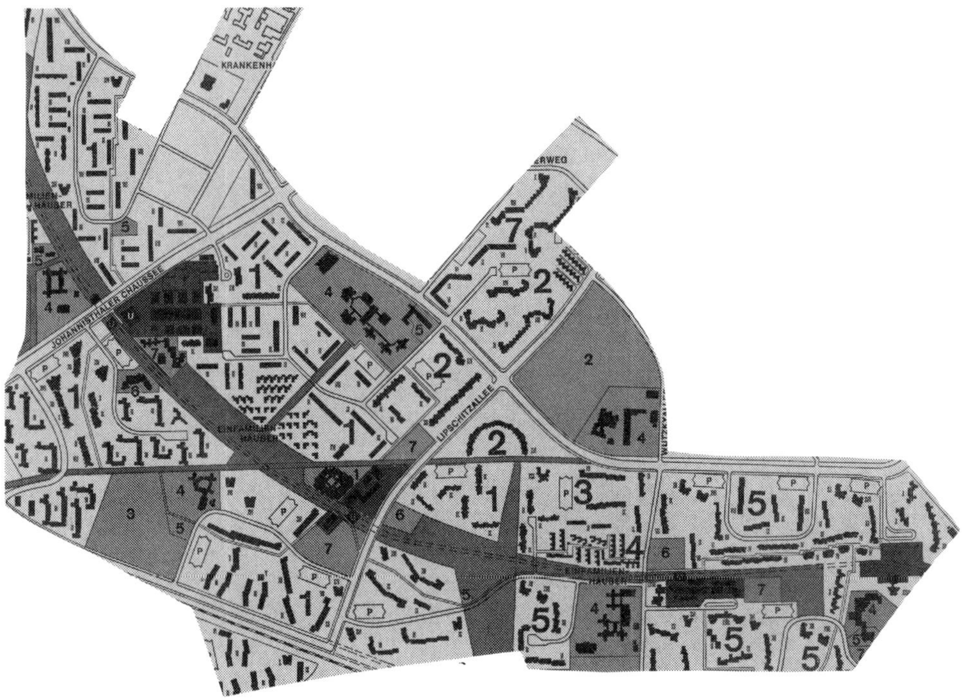

. . . und ihre Ausführung in der Realität ab 1964.

Die Metamorphosen der Siedlungsformen

Umso wichtiger wurde es, nun wenigstens im städtebaulichen Entwurf der neuen Großsiedlungen nach abwechslungsreicheren Formen zu suchen und die

Großformen und Strukturen: hier am Beispiel eines Architektenwettbewerbes für das Siedlungszentrum München Neu-Perlach 1976/68

Eine Großform
1. Preis (B. Lauter)

Lebendige Primärstruktur
2. Preis (Kossack, Sieverts, Zimmermann u.a.)

Monotonie der Einzelbauten in interessanten Großformen und Strukturen aufzulockern.

Erkennbar wird solche gesuchte „Vielfalt" der Architektursprache gut an den Wettbewerbsergebnissen der späten 60er Jahre (z.B. für den zentralen Bereich München-Perlach).[8] Hier gibt es die strenge rechtwinklige

8) Wettbewerb Zentrum München-Perlach u.a. in Baumeister 1968

Verdichtete Großformen (Kramer, Weber, Pfotenhauer, Zimmer u.a.)

Großzügige Gruppierung linearer Baukörper (Brocke, Pratsch, Welle) Ein Ankauf

Gebaute Großlandschaft in eigenwilliger Formensprache (Mattern, Walz, Wenzel)

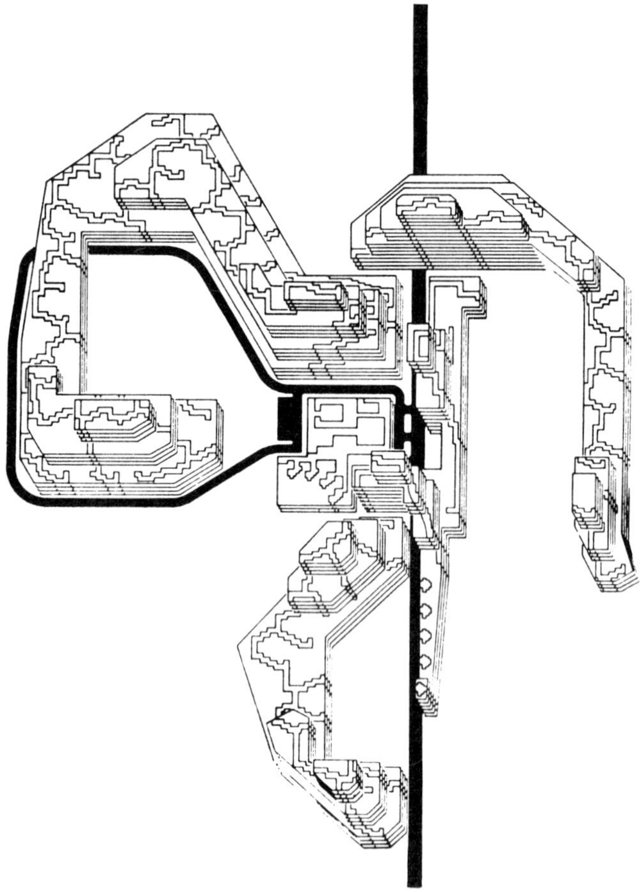

Der Stadtteil als Großform:
Berlin, Märkisches Viertel
Entwurfsidee, Baumassenverteilung
und Erschließung
(Norden ist links)
(Düttmann, Müller, Heinrichs u.a.
1962/64)

Großform, die malerische Anhäufung von Würfelgebirgen, die organische Gebäudekurve, futuristische Gebilde und die überdimensionierte „Wohnmaschine", konkave Großform, das „Pattern".

Auch diese Zeit hat ihre Metamorphose der Form mitgemacht. Die Siedlungen begannen noch bescheiden mit 5.000 oder 10.000 Einwohnern. Entsprechend waren noch die Formen, einzelne Hauszeilen — meist leicht gegeneinander versetzt oder leicht geschwungen — um einen „fließenden Raum" darzustellen. Das war das Formideal der späten 50er Jahre. Dann kam man mit den größer werdenden Siedlungen zum festeren Raum zurück: Rechtecke, Y-Formen und schließlich immer raffiniertere Strukturen, nun auch in der Höhe gestaffelt. Dabei steigern sich die Größen der „begreifbaren städtebaulichen Räume" im Laufe der Zeit von ca. 20 x 50 m

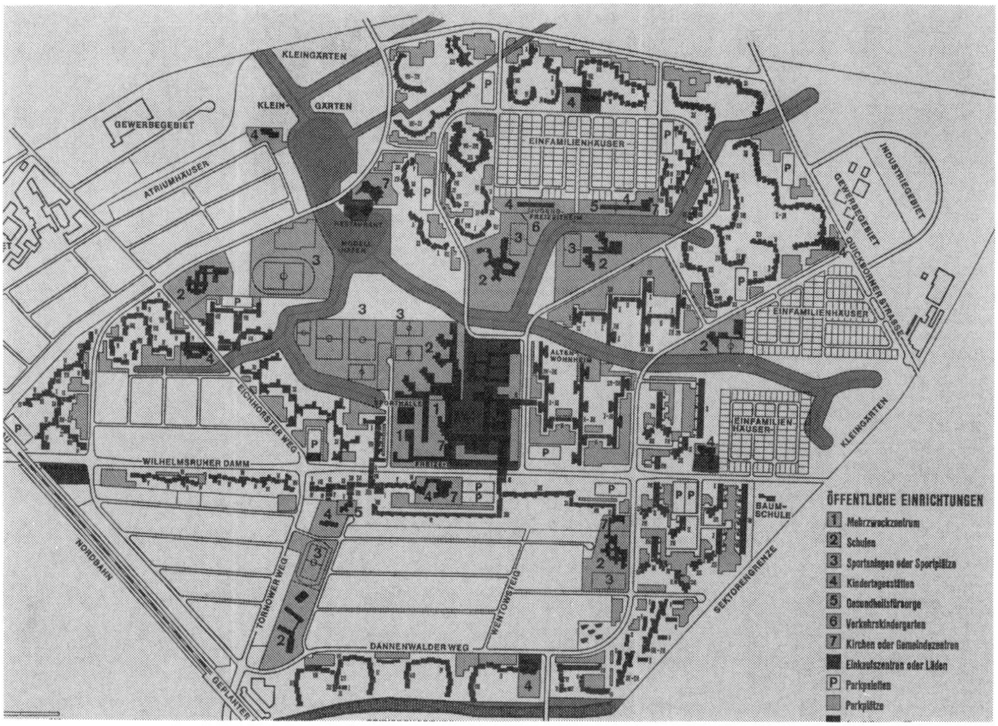

Ausführungsplanung (Norden oben)

(Zeilenabstand in den frühen 60er Jahren) über 50 x 80 m (Wohngruppen z.B. in der Nordweststadt) bis zu vielen hundert und mehr Metern in einigen Großräumen des Märkischen Viertels oder in Perlach. Entsprechend wächst die Höhe der Baukörper von zunächst 2 bis 4 schließlich auf 16 und mehr Geschosse. Als Höhepunkt der Entwicklung erschien die Großform des Märkischen Viertels mit ihren fast 40.000 Einwohnern. Die formale Idee dieses Stadtteils kann man wirklich nur noch am Modell erkennen. Und auch die Idee der baulich ausgeprägten Nachbarschaft war nun endgültig untergegangen.

Die meisten der städtebaulichen Formen aber waren zur „Struktur" geworden. Struktur, das ist jene stetige Wiederholung gleicher oder ähnlicher Elemente, die auf eine Gliederung des Raums hinausläuft, ohne selbst Raum im klassischen Sinne des Städtebaus zu schaffen. Ihre Produkte kann man als überdimensionierte freie Plastiken begreifen, wie sie ja auch die bildende Kunst dieser Zeit hervorbringt. Ob diese Formen, die ja alle am

Modell sozusagen aus der Vogelperspektive entworfen sind, allerdings je für den Benutzer verständlich werden, ist eine andere Frage. Die Mißverständnisse zwischen Entwerfer und Benutzer begannen überall zu wachsen. Denn die Einführung neuer Haus- und Wohnformen ist eben nicht ein primär ästhetisches Problem, sondern auch eines einer Jahrhunderte alten Wohnkultur. Aber das hatte man anscheinend vergessen oder es unter der Rubrik des allgemeinen Wandels abgehakt. Diese Einschätzung sollte sich bald bitter rächen.

Die öffentlichen Einrichtungen, wie Schulen und Einkaufsstätten, zeigten ebenfalls den Hang zur Konzentration und zur Großform: die Schulen wurden als Gesamtschulen mit Schülerzahlen bis zu mehreren Tausend konzipiert, die Einkaufsgelegenheiten entstanden als Ladenzentren mit vielen tausend Quadratmetern von Verkaufsflächen in Kaufhäusern und Supermärkten.

Allein durch ihre Größe von 50.000 Einwohnern sind diese Siedlungen in Wahrheit natürlich schon selbständige Stadtgebilde, wenn ihnen auch wichtige Funktionen, wie die der Arbeitsstätten, der Selbstverwaltung und so etwas wie ein kultureller und gesellschaftlicher Mittelpunkt fehlen. Das Ladenzentrum und das „Mehrzweck- oder Bürgergemeinschaftshaus“ können da kaum einen Ersatz bieten.

Soziale Folgen

Es hat nicht an Bemühungen gefehlt, diesen Retortenstädten Leben zu geben. Es wurden große Wettbewerbe veranstaltet, es wurden ästhetisch einwandfreie Hausformen entwickelt. Vielerorts wurden bekannte und berühmte Architekten aufgeboten, um die solchen riesigen Baumassen innewohnende Monotonie aufzulösen und lebenswerte Stadt- und Hausformen zu schaffen. Aber es stellte sich heraus, daß dies eine Aufgabe war, die nicht mehr durch die Mittel eines noch so eindrucksvollen Designs zu lösen war. Wahrscheinlich hätte etwas mehr gestalterische Normalität und dabei ein Nachdenken über die sozialen Folgen einer solchen Umsiedlung den Bewohnern der neuen Städte mehr genutzt.

Denn bis zu 50.000 Menschen — dazu noch meist aus den einkommensschwächeren Schichten der Bevölke-

Märkisches Viertel: Typische Nordfassade eines Hochhauses . . .

rung — binnen weniger Jahre aus einer, sozial und physisch vertrauten Umwelt herauszulösen und in diesen neuen Siedlungen ohne erkennbares gemeinsames Ziel zuammenzuführen, das mußte wohl bei jeder Bauform zu Spannungen und häufig zu persönlichen Notlagen führen.

Erst langsam wurde klar, daß manche Probleme eben nicht durch — wie gut auch immer gemeinte — bauliche Mittel allein zu lösen sind. Die möglichen Folgen solcher städtebaulichen „Gewaltakte" wurden erst langsam erkennbar und konnten nur mit großem Einsatz von sozialen und auch (marginalen) baulichen Mitteln repariert werden. So mußte im Märkischen Viertel über viele Jahre hinaus verstärkte Sozialarbeit getrieben werden,

. . . und der Versuch wenigstens die Eingangspartie großzügiger und individueller zu gestalten

und die Verwaltung war permanent damit beschäftigt, einen Ausgleich für die vielen Unzulänglichkeiten zu finden, die die plötzliche Konzentration so vieler Menschen in einem Wohnquartier mit sich brachte.

Hochhäuser

Bauliche Großformen entstanden nun auch in den Innenstädten. Nur waren hier ihrer horizontalen Ausdehnung durch die bestehende Grundstücksstruktur Grenzen gesetzt. So entwickelten sich statt dessen auf kleineren Grundstücksflächen Hochhäuser, teils als Struktur, teils als Singulärformen konzipiert, die aber im

Laufe der Zeit dann doch wieder zu Strukturen zusammenwuchsen.

Die Stadtzentren wurden immer dichter bebaut, aber Urbanität zog deshalb dort auch nicht ein. Hier konzentrierten sich die von Fourastié als wachsend prognostizierten Betriebe des tertiären Sektors,[9] jener Teil Wirtschaft also, der zwar nichts mehr produziert, aber Dienstleistungen erbringt, verwaltet, verkauft, organisiert und repräsentiert.

9) s.a. Hillebrecht, R. „Spekulationen über die Stadtentwicklung“ in Bauen und Wohnen 7/1966

Das fruchtlose Ringen um die Urbanität

Damit aber war das Urteil über die Eignung der Innenstädte als Ort von Urbanität gesprochen. Die Organisation von Geschäften, Verhandeln und Verwalten, und dies noch unter Ausschluß der Öffentlichkeit, das gibt keinen Ort für die zwanglose Begegnung von Bürgern, aus der eben jene ersehnte Urbanität entstehen könnte.

Dabei waren alle redlich um die Schaffung der Urbanität bemüht. Urbanität, das war das Leben, der zwanglose

Märkisches Viertel: Die überdimensionierte Großform ist nur aus dem entsprechenden Freiraum erlebbar

Umgang miteinander, das war jenes herrliche Urlaubsgefühl, das man in den südlichen Ländern hatte und zu Hause leider nie. Man übersah dabei geflissentlich, daß es wahrscheinlich gar nicht die malerische und dichte Bebauung der Urlaubsländer war, sondern daß man dort, losgelöst von den täglichen Pflichten, eben wirklich ein anderer Mensch war und Zeit hatte.

Es gab zur „Erzeugung" von Urbanität viele Wettbewerbe, darunter einen von BDA und NEUE HEIMAT gemeinsam ausgeschriebenen: „Das Leben in der Siedlung". Es wurden gestalterisch hervorragende Arbeiten eingereicht, nur das Leben wurde auch in dieser Siedlung nicht „urbaner" als anderswo. Das ersehnte Leben der Mittelmeerdörfer erwies sich derzeit als eben nicht verpflanzbar in die Städte der Industrienationen.

Cityerweiterungsgebiete

Um den wachsenden Investitionsdruck des tertiären Sektors aufzufangen, legten die Städte entweder Entlastungsgebiete für Bürobauten am Stadtrand an[10] oder sie erweiterten ihre City in die umliegenden Wohngebiete. Beides brachte nicht die gewünschte Entlastung. Die als Entlastungsgebiete eingerichteten Nebenzentren wurden von der Wirtschaft nur zögernd angenommen und entwickelten sich nicht zu den begehrten „1a-Lagen".

Die Entwicklung ehemaliger der City benachbarter Wohngebiete zerschlug sich nach wenigen Jahren am politischen Widerstand der Bewohner (z.B. Frankfurt-Westend[11] und München-Lehel). So blieb der Druck der Investoren, den sie auf den alten Stadtkern ausübten, bestehen.

Dabei lief die weitere bauliche Verdichtung der Innenstädte aller planerischen Vernunft entgegen. Sie erzeugte mit ihrer hohen Arbeitsplatzkonzentration immer mehr Verkehr, der — zumindest dort, wo keine leistungsfähigen öffentlichen Verkehrsmittel geschaffen wurden — nicht mehr zu bewältigen war. Die Innenstadt verödete am Abend zusehends wegen der nun leerstehenden Bürobauten. Die Besucher der verbliebenen Kinos, Theater, Gaststätten kommen und fahren fast immer im eigenen Kraftfahrzeug. Fußgänger sind selten; die versprochene Urbanität findet nicht statt.

10) z.B. Hamburg mit der City Nord. Frankfurt a.M. mit dem Geschäftsgebiet Niederrad u.a.

11) Frankfurter Westend
Trotz vieler Einzelveröffentlichungen zum Frankfurter Westend steht noch eine alle Aspekte berücksichtigende zusammenfassende Darstellung aus, z.Zt. noch am besten über das Westend informiert:
Schäfer, H. Muß das Frankfurter Westend sterben?
in Bauwelt 44/1970
u. Appel, R. H., Heißer Boden Frankfurt 1974
(Presse- und Informationsamt)

Kaufhäuser und Bürotürme drängen in die Innenstädte (Frankfurt am Main, um 1975) . . .

Die Umwandlung der Innenstadt

Die Umwandlung der Innenstadt in eine Verwaltungs- und Geschäftsstadt war nicht aufzuhalten, weil über den Bodenpreis die zahlungskräftigen Großverwaltungen gegenüber Wohnen und privaten kulturellen Einrichtungen im Innenstadtbereich bevorzugt wurden. Die Entwicklung wurde in vielen Städten zunächst begrüßt, zeigte sie doch das Wachsen der Wirtschaftskraft und damit auch das Ansteigen der kommunalen Steuereinnahmen. Erst Anfang der 70er Jahre wurde das Problem der Verödung der Innenstadt und der Vertreibung der Wohnbevölkerung auch von den Stadtparlamenten erkannt und nun auch mit Setzung von Planungsrecht und unter teilweisen Verzicht auf die Ansiedlung neuer Gewerbesteuerzahler vorübergehend ernsthafter bekämpft.

Die Entwicklung in den Innenstädten formt in einigen Städten (z.B. Frankfurt, Essen u.a.) Hochhausgruppen in

. . . und verwandeln mit ihrer neuen Skyline das Bild unserer Städte (Frankfurt vom südlichen Mainufer)

Clustern und in Entwicklungsachsen oder auch an markanten Punkten des Stadtgefüges (z.B. Hannover). In anderen Innenstädten werden ähnliche Dichten durch flachere, aber massive Überbauungen der Grundstücke erreicht (z.B. München, Düsseldorf).

Die Rezession von 1966/67 bremste die Investitionen vorübergehend ab. Aber mit den konjunkturpolitischen Maßnahmen des Stabilitätsgesetzes wurde die Bautätigkeit rasch wieder angefacht. Auch die öffentliche Hand mischte sich nun stärker ein beim Versuch, die Konjunktur zu steuern und veranlaßte den Bau von Straßen, U-Bahnen und Hochschulen: Alles Vorhaben, die wiederum zur großen Form und damit auch zur Zerstörung der alten historischen Stadt neigten.

Das amerikanische Vorbild der Überbauung von Bahnhöfen und aufgegebenen innerstädtischen Eisenbahnflächen wirkt nun auch hierzulande. Projekte für Bahnhofsüberbauungen werden an verschiedenen Orten ernsthaft diskutiert. In Berlin wird die Überbauung eines Teilstücks der Stadtautobahn mit Wohnungen als Modellvorhaben gefördert und ausgeführt. Die Mehrzahl dieser Entwürfe, die nun ihren utopischen Vorbildern nahe kommen, bleibt allerdings Projekt. Die Stimmung in der Bevölkerung beginnt sich gegen Großstrukturen zu wenden.

Der Mythos von der „autogerechten" Stadt

Durch die wachsende Motorisierung, die Trennung von Wohn- und Arbeitsplätzen und die außergewöhnliche Dichte der Bebauung in den Innenstädten wuchs der Verkehr immer stärker an. Schon die Zahl der zugelassenen Kraftfahrzeuge war von 3 Millionen in 1952 auf 13 Millionen in 1966 gestiegen. Die neue Gliederung der Stadt mit ihrer Konzentration von Arbeitsplätzen in der Stadtmitte und ihren neu geschaffenen Wohngebieten an der Peripherie erzeugte dazu erhebliche neue Verkehrsmengen schon im sogenannten Berufsverkehr.

Aber dabei ist in diesen Jahren der eigene PKW genauso Sinnbild des persönlichen Erfolges und damit Instrument der Identifikation wie notwendiges Fortbewegungsmittel. Man darf diesen Aspekt nicht übersehen, wenn man die heftig geführte Diskussion um das Auto und die Lösung des Verkehrsproblems verstehen will.

Da die Wiederaufbaupläne der frühen 50er Jahre diese Entwicklung des Verkehrs nicht voraussehen konnten und das bestehende Straßennetz die neuen Verkehrsmengen nicht aufnehmen konnte, wurden die täglichen Verkehrsstauungen, besonders im Berufsverkehr, zum Hauptproblem im Bewußtsein der Bevölkerung. Die

Die Allmacht des Verkehrs und die vielfältigen Versuche zu seiner Bewältigung:
Autobahnüberbauung in Berlin, Schlangenbaderstraße 1972
(G. Heinrichs, K.-D. Krebs)

„autogerechte" Stadt wuchs als Wunschtraum zum zweiten großen Leitbild der Zeit heran. In der Erkenntnis, daß die Stadt schon wegen der dazu benötigten Fläche nicht allein durch das Auto zu bedienen ist, wurde in den größeren Städten parallel dazu ein Massenverkehrsmittel, meist als Unterpflasterbahn, entwickelt.

Verkehrsprobleme als nationale Fragen

Überhaupt werden nun die Themen Transport und Verkehr wegen ihrer allgemeinen Bedeutung zum nationalen Problem erhoben. Regierungskommissionen werden einberufen, um Lösungsvorschläge auszuarbeiten.

So haben sowohl der englische „Buchanan-Report"[12] wie auch die deutsche Sachverständigenkommission (SKV)[13] die Verkehrsprobleme, die durch den PKW entstehen, für durchaus grundsätzlich lösbar angesehen, wenn man nur genügend Geld und genügend organisatorische Macht für neue Behörden beschaffen könnte.

Mit der Bildung von „environmental areas", die vom Durchgangsverkehr verschont bleiben sollten, und mit Hilfe einer strengen Hierarchisierung der Straßen sollte gleichzeitig eine flüssigere Abwicklung des Verkehrs wie eine Beruhigung der environmental areas erreicht werden. Dazu aber war der Bau neuer anbaufreier Straßen und eine Kanalisierung des Gesamtverkehrs auf ihnen notwendig.

12) Buchanan, C.
Verkehr in den Städten
Essen 1964
Original: Traffic in towns
London 1963

13) Gesetz einer Untersuchung von Maßnahmen zur Verbesserung der Verkehrsverhältnisse in den Gemeinden und Bericht der Sachverständigenkommission 1964

Planung der Stadtautobahn Berlin, hier Oranienburgerplatz in Kreuzberg mit schwerwiegenden Eingriffen in die bestehende Bausubstanz

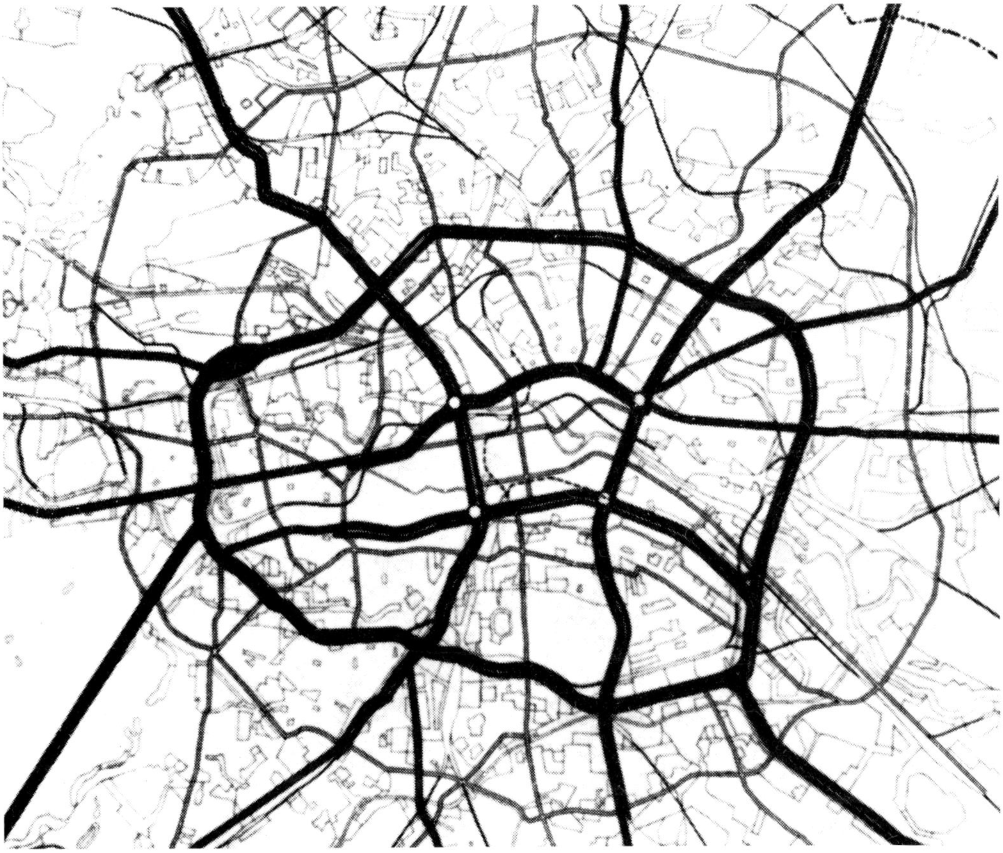

Die Ringe der Stadtautobahnen in den Plänen der 60er Jahre, hier Generalverkehrsplan Berlin (um 1965)

Eine solche in sich ja schlüssige Lösung kann aber nur funktionieren, wenn im großen Umfang neue Hauptverkehrsstraßen — möglicherweise als Stadtautobahnen — in die verbliebenen Grünzüge gepackt werden und wenn sie an vielen Stellen auch in die vorhandene Baustruktur eindringen und sie zerstören. Beispiele gibt es genug, wie etwa der Schluß des inneren Ringes in München-Lehel oder die Stadtautobahn von Berlin.

Bilanz der Straßenschlacht Bundesrepublik 1970	
Tote	19.197
davon Fußgänger und Radfahrer	über 8.000
Verletzte	549.000
davon Hirnverletzte	60.000
davon hirnverletzte Kinder	5.000
zum Vergleich: Einwohnerzahl Nürnberg	477.108

Natürlich würde es nach Meinung des Buchanan-Reports immer noch Einschränkungen im Verkehrsfluß geben, und eine hundertprozentige Bedienung dicht bebauter Innenstädte durch das Kraftfahrzeug wäre auch nach seiner Meinung nicht zu erreichen. Aber im wesentlichen konnte man der Probleme Herr werden. Und so liefen alle diese Vorschläge auf einen erheblichen Umbau der Stadt zugunsten des Autoverkehrs hinaus. Das Auftreten des Kraftfahrzeuges wurde als Herausforderung gesehen, der es zu begegnen galt. Eine politisch gewollte Beschränkung des KFZ-Verkehrs wurde gar nicht für möglich gehalten und daher auch nicht diskutiert.

Kritik

Die deutlichste und handgreiflichste Kritik zur Ästhetik des Städtebaus lieferte die '68er Studentengeneration. Erstes sichtbares Zeichen der Architekturkritik war jenes auf einem Symposium der Technischen Universität Berlin entfaltete Transparent mit dem Text: „Alle Häuser sind schön, hört auf zu bauen!" Dies war ein in der Tat berechtigter Hinweis auf die Diskrepanz zwischen einer fast jährlich wechselnden Architekturmode und deren Aufnahme durch den Benutzer: Die ästhetische Norm und die allgemeine Akzeptanz von Bauformen waren lange verloren gegangen.

Aber die wirkliche Kritik der studentischen Bewegung sollte sich erst im nächsten Jahrzehnt in den Demonstrationen und spektakulären Hausbesetzungen niederschlagen. Ihr Ausgangspunkt war nicht mehr die Ästhetik, sondern die soziale Frage der Stadtentwicklung.

Aus heutiger Sicht heißt die Kritik an den 60er Jahren: Kritik an der verdichteten und funktional gemischten Großform des Städtebaues. Um es vorwegzunehmen: Auch dieses Leitbild ist Torso in der Stadt geblieben. Aber die Ansätze der überdimensionalen Verkehrsbauten, der großen Wohn- und Bürohochhäuser haben doch einen Vorgeschmack auf eine voll technisierte und durchorganisierte Welt gegeben. Sie hatten alle Regeln des bis zu Beginn des Industriezeitalters geltenden menschlichen Maßstabs weit hinter sich gelassen. Es ist ja auch im Grunde nicht mehr der angeblich immer im Mittelpunkt stehende Mensch, sondern immer stärker die Maschine, die das Maß unserer Bauwerke bestimmt.

Die Verkehrsbauwerke werden für die Kraftfahrzeuge mit mehr als 100 km Stundengeschwindigkeit ausgelegt, unsere Flughäfen für Landegeschwindigkeiten von 300 km/h. Die Bedarfsfläche in Bürobauten hat sich von einer Norm von 15 qm/Beschäftigten längst auf 30 qm ausgedehnt: nicht etwa um den arbeitenden Menschen mehr Platz zu geben, sondern um die notwendigen Maschinen und Informationsspeicher unterzubringen. Auch die Fertigungsmethoden des industriellen Bauens mit ihren Kranbahnabständen oder organisatorische Festlegungen wie die für Müllfahrzeuge ausreichenden Wenderadien bestimmen die Stadtformen oft stärker als irgendwelche gestalterischen Überlegungen.

Unser Wohnflächenbedarf hat sich von den nach dem Krieg zugestandenen 15 qm/Kopf längst auf einen Schnitt von über 30 qm gesteigert. Eine an sich begrüßenswerte Entwicklung des Wohnkomforts, aber die Entwicklung bringt immer neue und größere Baumassen hervor, deren maßstäbliche Bewältigung schon ein Problem an sich ist.

Unsere Einkaufsstätten, unsere Sport-, ja unsere Freizeitanlagen haben inzwischen Maßstäbe erreicht, die mit dem menschlichen Maßstab, wie ihn die Generationen vor uns verstanden haben, eigentlich nur noch wenig zu tun haben. Und die Entwicklung geht weiter. Schon jetzt rechnen Wirtschaftswissenschaftler mit einer Verdopplung des privaten Einkommens von 1975 bis 2000, die im wesentlichen für weiteren Konsum, Altersversorgung und Freizeitgestaltung ausgegeben werden kann und die natürlich weiteren Bedarf an Gebautem wecken wird. So gesehen ist die Großform der 60er Jahre auch nur die architektonische und städtebauliche Ausformung einer allgemeinen kulturellen Entwicklung.

Die Prognosen der 60er Jahre

Zu fragen bleibt nach dem rationalen Hintergrund der Überdimensionierung des Städtebaus der 60er Jahre in der Bundesrepublik: den Prognosen, die einer solchen Überdimensionierung zugrunde lagen. Denn auch der moderne Mythos im Städtebau kommt ja nicht ohne einen wissenschaftlichen Überbau aus. Die übliche Erklärung des Rückgangs der erwarteten Bevölkerungszunahme durch den „Pillenknick“ in der extrapolierten Prognose stimmt zwar, ist aber doch als einzige Erklärung zu vordergründig.[14] Zwar schwankten die Bevölkerungsprognosen zwischen Mitte der 60er Jahre (z.B. = 76 Millionen Einwohner für das Jahr 2000) und Anfang der 70er Jahre (= 57 Millionen Einwohner im Jahre 2000) erheblich. Trotzdem kamen einigermaßen vernünftige Prognosen doch alle auf Werte um 55-6O Millionen Einwohner.

14) Korte, H.
Bevölkerungsstruktur und -entwicklung in
Die Bundesrepublik Deutschland
a.a.O., Bd. 2, 1983

Es gab also bei nüchterner Betrachtung keine dramatischen Veränderungen. Auch die etwas leichtfertigen Prognosen der Regionen und Gemeinden, die alle noch erdenklichen Wanderungsgewinne auf ihre Gebiete zurechneten, hätte man eigentlich nicht ernst nehmen dürfen.

Heute muß man wohl die voreiligen und übertriebenen Prognosen dieser Jahre als ein im Zuge der Zeit liegendes Wunschdenken ansehen, das der allgemeinen Aufbruchsstimmung entsprang und so eine quasi wissenschaftliche Basis für viele erwünschte öffentliche und private Investitionen abgab.

Daß trotzdem noch viele aus diesen falschen Bevölkerungsprognosen abgeleiteten Entwicklungen, etwa der KFZ-Bestand, die Wohnungsnachfrage, der Freizeitkonsum wenigstens in etwa eintraten, ist nun seinerseits eher ein Phänomen der unterschätzten Entwicklung des allgemeinen Wohlstandes. Andere Kenngrößen der städtebaulichen Entwicklung, wie die prognostizierte Bevölkerungszunahme in den Kernstädten der Ballungsräume und der erhoffte Umsatz des Einzelhandels, sind zunächst weit unter den Werten der Prognosen geblieben und haben die nun sichtbar werdenden Überdimensionierungen von Infrastruktur mit verursacht. Nur das prognostizierte Verkehrsaufkommen hat sich realisiert. Aber auch hier hat ein doppelter Irrtum die Prognose Realität werden lassen. Das Bevölkerungswachstum war gegenüber dem wirklich eingetretenen zu hoch und der Motorisierungsgrad zu niedrig angesetzt.

In die gleiche falsche Richtung lief aber auch die Investition von privatem Kapital, das sich auf eine Fortdauer des außergewöhnlichen Booms verlassen hatte. Nur so ist es zu erklären, daß Anfang der 70er Jahre dann z.B. in Frankfurt viele hunderttausend Quadratmeter neuen Büroraums leerstehen sollten.

Soziologie und Stadtplanung

Spätestens ab Mitte des Jahrzehnts hatte sich nun auch die Soziologie als kritisches Element in die Planung eingemischt.

Auf der Grundlage einer Rezeption der amerikanischen Gemeindesoziologie waren schon in den 50er Jahren mehrere größere Arbeiten zur Stadtsoziologie erschienen, waren aber ohne engeren Bezug zu städtebaulichen Fragestellungen geblieben. Diesen stellen nun vor allem Hans-Paul Bahrdt und Elisabeth Pfeil her; etwas später auch Lucius Burckhardt.

Als ein wesentliches Thema wurde nun auch die Frage der Legitimation des Planers und seiner Entscheidungen aufgegriffen. Das geschah im Kontext der allgemeinen gesellschaftlichen Diskussion, wie sie sich z.B. in der Außerparlamentarischen Opposition (APO) entwickelte. Schon beim ersten Treffen zwischen Planern und Soziologen 1955 in Dortmund hatte diese Frage im Mittelpunkt gestanden. Jetzt aber begannen Leute wie Mitscherlich und Burckhardt die Zusammenhänge zwischen gesellschaftlichen Vorgaben, daraus entstehenden „Sachzwängen" und dem Fortgang der Planung zu analysieren. Mitscherlich[15] zeigte dabei besonders die Zusammenhänge zwischen der uneingeschränkten privaten Verfügungsgewalt über Grund und Boden und der hoffnungslos häßlichen und für die Gesamtheit unökonomischen Zersiedlung der Landschaft auf.

Burckhardt[16] wies auf die nur scheinbare Problemlösung durch immer neue Bauten der sogenannten Infrastruktur, besonders des Verkehrs und der Bürokratie, hin. Politik und Verwaltung vermögen zwar solche „glatten" technischen Lösungen schnell anzubieten, aber meist werden damit nur die Probleme verlagert, nicht gelöst. — Vielleicht etwas zu vordergründig agierte Heide Berndt,[17] wenn sie die Wurzeln allen städtebaulichen Übels im „Gesellschaftsbild bei Stadtplanern" sucht.

15) Mitscherlich, A.
Die Unwirtlichkeit unserer Städte
Frankfurt a.M. 1965

16) Burckhardt, L.,
Förderer, W.M.
Bauen — ein Prozeß, Teufen 1968
und Burckhardt, L.
Politische Entscheidungen über Bauplanung (1970)
in B. Brock (Hrsg.) „Die Kinder fressen ihre Revolution" Köln 1985

17) Berndt, H.
Das Gesellschaftsbild bei Stadtplanern
Frankfurt a.M. 1965
und Berndt, H. / Lorenzer, A. / Horn, K.
Architektur als Ideologie
Frankfurt a.M. 1968

Erst mit der sichtbaren Umsetzung der Großstrukturen in die gebaute Wirklichkeit aber wurde auch die Frage nach der Annahme der neuen Umwelt durch die Betroffenen zu einer zentralen Frage für die Planer und zum Forschungsgegenstand für die Soziologie.[18] Allerdings hatte die Soziologie trotz all ihrer Beiträge die Planung auch nicht vor dem Sündenfall der Großformen bewahren können. Der Streit um diese Fragen zeigt, daß auch die empirische Soziologie kaum in der Lage ist, in solchen emotional aufgeladenen Fragen zu objektiven Antworten zu kommen. Insbesondere die Frage, welchen Anteil nun wirklich die Bauform und welchen Anteil soziale Zusammensetzung und andere Einflüsse (z.B. Verlust vertrauter Umgebung) auf das Befinden der Bewohner haben, wird wohl auch bei größter Anstrengung der Sozialwissenschaften nicht eindeutig und objektiv zu beantworten sein.

18) Unter den zahlreichen Untersuchungen zur Wohnzufriedenheit in Neubausiedlungen,
hier z.B. Heil, K.
Umfeld und Kommunikation
München 1968

Zapf,K. / Heil,K. / Rudolph, J.
Stadt am Stadtrand
Frankfurt a.M. 1969

und Heiner, M.
Einsamkeit und Entfremdung in unseren Trabantenstädten — Dichtung oder Wahrheit?
in Bauwelt 31/1975

Teamwork

Zwar wurden, als man die Komplexität der Probleme zu erahnen begann, allenthalben „Teams" gebildet in der Hoffnung, daß sich eben komplexe Probleme auch mit interdisziplinär zusammengesetzten Mannschaften würden lösen lassen. Aber auch dies erwies sich als Fehlschluß. Zunächst stellten sich in solchen Teams, in denen eben neben Stadt- und Verkehrsplanern nun auch Soziologen saßen, erhebliche Verständigungsschwierigkeiten ein. Die Planer erwarteten, daß die Soziologen sagen könnten, wie nun die Stadt aussehen müsse, in der alle sozialen Probleme gelöst wären. Die Soziologen ihrerseits wollten sich auf solche Prognosen nicht festlegen lassen und boten ehrlicherweise nur eine „expost-Analyse" der Wirkungszusammenhänge an.

So sieht auch die Siedlung, bei deren Entstehung der vielleicht bedeutendste Kritiker des modernen Städtebaus Alexander Mitscherlich beratend tätig war, nicht entscheidend anders aus als solche, die von den Wohnbaugesellschaften allein erstellt worden waren.[19]

Eigentlich kamen ausformulierte Zielvorstellungen für die Planung erst, als die Soziologen, nicht mehr von einem wissenschaftlichen Standpunkt, sondern von einer politischen Basis und sehr konkreten gesellschaftli-

19) z. B. Heidelberg-Emmertsgrund
hierzu:
Mitscherlich, A. Sozialpsychologische Anmerkungen zum Bauvorhaben Heidelberg-Emmertsgrund in Architekturwettbewerbe 8/1969

Die konkreten Vorschläge zum Entwurf der Siedlungen befassen sich mit Forderungen wie:
- mehr Raum in den Wohnungen
- mehr Raum für Schulkinder
- Fortbildungsmöglichkeiten für Erwachsene
- Auflösung der Ladenzentren zu Gunsten kleinerer Läden
- eine Neben„city" für die 10.000 Einwohner der Siedlung

chen Vorstellungen aus agierten. Aber das geschah im wesentlichen erst im nächsten Jahrzehnt.

Der Abgesang der „Urbanität durch Dichte"

Dies war aber schon die Zeit, als die massive Kritik der Studentenbewegung und der ersten Bürgerinitiativen sich anschickte, die Idee der Urbanität nur noch als faule Ausrede für die Profitmaximierung der Spekulanten zu sehen. Aber auch andere waren von der Idee der Urbanität durch Dichte abgerückt. Am stärksten mißverstanden und betroffen fühlte sich wohl Edgar Salin selbst, als er den Mißbrauch des von ihm ins Gespräch gebrachten Begriffes erkennen mußte. In einem zornigen Artikel im „Aufbau"[20] lesen wir im Juni 1971, also gerade 11 Jahre nach seinem Vortrag vor dem Deutschen Städtetag, wieder von ihm: „Die Urbanität ist tot, und es müssen ganz andere Zeiten und Menschen kommen, ehe sie wieder erstehen kann (...), und es ist Lug und Trug zu meinen, daß sie sich wieder schaffen ließe, wenn das Zeitalter der Massen andauert und wenn den Massen entsprechend Hochhäuser gebaut und Verkehrslinien gezogen werden. Urbanität ist immer eine Zeit der Wenigen, ist eine Zeit des Bürgertums, Urbanität ist eine Lebensform, die heute nicht und nirgends gedeihen kann (...), und es ist Lug und Trug, wenn irgend wer, sei er Politiker, sei er Planer, sei er Architekt, Ökonom oder Soziologe, sei er Jurist oder Politologe vermeint und verspricht, daß er die Urbanität wieder schaffen kann (...), und es ist Lug und Trug, wenn überhaupt gemeint wird, daß durch irgendein Bauwerk, irgendeine Stadtform und nicht durch eine völlige Neuerweckung des Menschlichen und des Geistigen im Menschen Urbanität leben und ins Leben gerufen werden kann."

Statt dessen rät Salin: „Wenn Urbanistik überhaupt einen Sinn haben soll, dann gerade in dem einen Fall, wenn sie es fertig bekommt, aus dem Zwang des Wachstums, den heute nahezu alle Wissenschaften als gegeben hinnehmen, herauszuspringen (...) um dem Menschen von morgen saubere Luft, sauberes Wasser, zu geben." Und darin sieht er die Aufgabe der Urbanistik: „Dann könnte es in Jahrhunderten geschehen, daß wieder Jahrzehnte echter Urbanität erwachsen und gelebt werden".

20) Salin in Der Aufbau 2/1971 „Von der Urbanität zur Urbanistik"

Die 60er Jahre

Statt eines Korreferats
ein Briefwechsel zwischen Josef Lehmbrock und H.-R. Müller-Raemisch

Josef Lehmbrock 31.07.1989

Sehr geehrter Herr Müller-Raemisch,

ich habe leider aus dem Stegreif geredet und so kein Manuskript. Absolut sicher ist die anliegende Aussage, die ich abgelesen habe; sie trifft auch meine prinzipielle Einstellung.

Ich überlasse Ihnen aber gern unseren Schriftverkehr, der schon als Hintergrundinformation zur Veranstaltung allgemein interessant sein könnte, zur Veröffentlichung.

Zitate zu meinem Beitrag:

Auf der Werkbundtagung 1962 in der Ulmer Hochschule für Gestaltung — sie ist inzwischen längst aufgelöst—hat Tomas Maldonado bereits festgestellt:

„Der Wiederaufbau in den Trümmerwüsten ist nichts anderes als eine Zerstörung mit anderen Mitteln!"

Wenige Jahre später schrieb der Schweizer Journalist Gody Suter:

„Das Auto hat die Städte zerstört und unbewohnbar gemacht, aber die Zerstörung bewirkte direkte und indirekte Arbeitsbeschaffung von ungeheuren, unübersehbaren Ausmaßen. Sie war so *kostspielig und unrationell wie möglich:* es wurde alles getan, um die größtmögliche Zahl von Menschen an ihr zu beteiligen . . . In der Hausordnung des Paradieses (unseres Wirtschaftswunders) hat der Mensch noch nie so einsam, so hilflos, so fruchtlos, so nach allen Seiten und Kanten idiotisch gelebt".

Nun ist diese Entwicklung inzwischen weitere 25 Jahre permanent destruktiv weitergegangen und es ist kein Ende abzusehen bei der völligen Unfähigkeit, andere politische und wirtschaftliche Weichenstellungen durchzusetzen, auch nicht angesichts der alle Bürger beängstigenden fortschreitenden Umweltzerstörungen.

Mit freundlichen Grüßen
Ihr J. Lehmbrock

Josef Lehmbrock 15.03.1989

Sehr geehrter Herr Müller-Raemisch,

erst jetzt komme ich zu der schon sofort beabsichtigten Stellungnahme nach der Veranstaltung in Frankfurt. So sehe ich Ihre Vortragsreihe über Leitbilder und Mythen 1945—1985:

Die alle hat es natürlich nicht gegeben, sondern eine „Machtelite" für das Bauen in unserem Lande, die dem materialistischen Zeitgeist entsprechend und gefördert aus Politik, Wirtschaft und der immer *hörigen* Verwaltung allüberall Profitopolis realisierte, eine *ausschließlich* am Profit orientierte Stadtentwicklung.

Funktionalismus, Rationalismus, Historismus und welche Ismen auch immer spielten nicht die geringste Rolle! Die Fassadenkosmetik nach diesen Etiketten ist ein lächerliches Beiwerk, denn die *Kleider* sind den Investoren völlig schnuppe!

Mit freundlichen Grüßen
Ihr Josef Lehmbrock

Hans-Reiner Müller-Raemisch 30.03.1989

Sehr geehrter Herr Dr. Lehmbrock,

vielen Dank für Ihren Brief vom 15.3., den ich nach einem kurzen Urlaub hier vorgefunden habe. Ich finde wie immer vieles von dem, was Sie schreiben, bedenkenswert . . .

Aber vom Sinn meiner Vortragsreihe haben Sie, Ihrem Urteil vom 15.03. nach, noch nicht allzuviel mitbekommen. Wahrscheinlich war das an dem einen Abend, den Sie bei uns waren, auch nicht möglich: Ich habe ja gerade *kein* „höheres Schicksal angerufen", sondern mich ernstlich bemüht, die Entstehung der Leitbilder in der Stadtplanung aus dem Kontext von Wirtschaft, Politik und Gesellschaft zu erklären. Ich lege Ihnen für alle Fälle noch einmal die „Conclusio" bei, in der ich nochmal auf den Sinn der Sache eingehe.

Ich denke nicht, daß Sie nach deren Lektüre noch Ihre Behauptung aufrecht erhalten wollen, „dies alles habe es nicht gegeben". Was denn, keine Auswirkungen der Studentenrevolte mit Hausbesetzungen und Demonstrationen auf den weiteren Städtebau? Wirklich keine Wandlungen in unseren Vorstellungen über die angemessene Art der Stadtsanierung zwischen den 60er und den 70er Jahren? Gar keinen Einfluß der „Verwissenschaftlichung" der Planung in den 70er Jahren? Keine Abkehr von den Wohnmaschinen des Märkischen Viertels? Keinen Einfluß der „Nostalgiewelle" und des erstarkten Denkmalschutzes der 70er Jahre auf das Aussehen der „Postmoderne" im Städtebau, ob uns das nun gefällt oder nicht. War die Entwicklung wirklich in den 60er Jahren schon zu Ende? Diese These können Sie doch nicht im Ernst aufrecht erhalten.

Was ist denn in den Preisgerichten prämiert und was in der Realität gebaut worden? Alles nur die Ausflüsse eines „materialistischen Zeitgeistes"? Ist das nicht ein bißchen zu schlicht in der Beurteilung?

Ihre These, daß in der Stadtentwicklung doch nur alles vom Profit bestimmt wird, ist ja nicht falsch, aber sie ist natürlich trivial und wenig hilfreich für uns alle, die wir mit den gegebenen Umständen in dieser unserer Wirtschaftsform nun einmal leben und arbeiten und auch unsere Städte weiterbauen müssen. Die Kräfte der Wirtschaft sind nun einmal da, und wir können doch nur versuchen, sie in unsere Planungen einzubeziehen.

Oder wie sieht Ihre Alternative aus? Sollten wir erst einmal zu jenen eigentumsverneinenden Formen des Sozialismus vorstoßen, die etwa die Sowjetunion nach 80 Jahren Erprobung nun als völlig ungeeignet erkennt und zu beseitigen sich anschickt? Das meinen Sie sicherlich auch nicht, aber Ihre schlichte pauschale Ablehnung des privaten Profits in der Stadtplanung verführt ja zu solchen Folgerungen.

Nein, ich glaube, daß wirkliche Verbesserungen in der Stadtentwicklung nur durch eine „Doppelstrategie" möglich sind: Einerseits den ständigen Hinweis auf die wirklichen Wurzeln des Übels, um damit das allgemeine politische Bewußtsein zu beeinflussen. Aber außerdem muß auch die geduldige und beharrliche Suche nach Möglichkeiten unter Beibehaltung des gegebenen Wirtschaftssystems fortgesetzt werden, — denn seine Abschaffung oder grundsätzliche Änderung ist eine völlig haltlose Utopie. Und nur durch ein Bündel von

Programmen, Plänen, Maßnahmen und Einzelentscheidungen kann man versuchen, die Lage wirklich zu beeinflussen. . . .

Haben Sie also, trotz aller unterschiedlicher Auffassungen, Dank für Ihre Zeilen. Die ganze Materie Stadtentwicklung seit dem Kriege ist leider so verworren und komplex, daß man darüber gar nicht genug diskutieren kann, um etwas Licht in die Sache zu bringen. . . .

Mit freundlichen Grüßen
Ihr H.-R. Müller-Raemisch

Josef Lehmbrock 14.04.1989

Sehr geehrter Herr Müller-Raemisch,

ich danke Ihnen für Ihren langen und engagierten Brief. Auch habe ich alles gelesen, was mir über die Vortragsreihe zugeschickt wurde. Aber ich bleibe bei meiner Darstellung. . . .

Das Geschäft mit dem Boden dürfen Sie bitte nicht mit dem Recht auf privaten Besitz verwechseln, hier gleich den Knüppel Bolschewismus an die Wand malen. In der Tat ging es in der Nachkriegszeit um Mitbesitz im Sinne der Genossenschaften beim öffentlich geförderten Wohnungsbau. Auf Flächen ohne Besitzpräferenz sind die vielen Quartiere gebaut worden. Man hätte sie ohne Schwierigkeiten in Gemeinschaftsbesitz überführen können — im Grundgesetz ausdrücklich vorgesehen —, aber das Geschäft mit der Behausung und vor allem mit Mietern, die unentwegt zu blechen haben — Profitopolis — ist die erklärte Politik bei uns. Und die Architekten und Planer aller Couleur haben es nicht einmal bemerkt in ihrer Mitmischerei, kurieren an Symptomen. . . .

Übrigens alle kleineren und mittleren Städte haben sich besser gehalten als die Ballungszentren, auch ein Beleg für den Krebsschaden, der ja immer an den kranken Stellen beginnt. Nach den realen Bedürfnissen der Bürger planen ohne jede vorgefaßte Formabsicht, das war die Absicht des „Neuen Bauens". Ich sende Ihnen frühe Entwürfe von mir, die allerdings nie die geringste Chance zu einer Realisierung hatten.

Was soll es also? Heute geht es nicht mehr um *Neu-* sondern um Umbau, also um völlig andere Aufgaben, aber auf die Gesinnung von damals wird man kaum verzichten können!

Dank für Ihren Brief und herzliche Grüße
von Ihrem Josef Lehmbrock

Politik und Planung – Partizipation oder wissenschaftliche Gesamtplanung?

Politik und Planung – Partizipation oder wissenschaftliche Gesamtplanung?

Die 70er Jahre

Von H.-R. Müller-Raemisch

Die neuen Mythen

In den siebziger Jahren entsteht gleich eine ganze Handvoll neuer Mythen im Städtebau:

– Der Mythos von der „Beteiligung der Bevölkerung"
– Der Mythos von der „Wissenschaftlichkeit der Planung"
– Der Mythos von der „Ökologischen Stadt" und ab Mitte der siebziger Jahre dann auch
– Der Mythos von der „Postmodernen Stadt", der aber erst in den achtziger Jahren wirklich wirksam wird.

Diese Mythen hatten an sich alle berechtigte und sinnvolle Forderungen zum Inhalt, wenn sie nur nicht so oft in ihrem Ausschließlichkeitsanspruch wieder zu neuen Glücksverheißungen und neuen intoleranten Planerreligionen geworden wären. Wichtig für den Fortgang der Geschichte waren sie alle, sie haben Entwicklungen gestoppt, die der Planung und der Gesellschaft außer Kontrolle zu geraten drohten. Sie haben notwendige Blockaden errichtet und neue Sensoren eingeführt, die die jeweilige Einseitigkeit von Entwicklungen angehalten und in ihr Gegenteil gekehrt haben.

Das politische Klima in der Bundesrepublik

Schon am Ende der 60er Jahre veränderte sich das geistige und politische Klima in der Bundesrepublik ganz erheblich. Intellektuelle, darunter viele Schriftsteller und Philosophen, hatten schon seit langem Kritik an den sich verkrustenden Machtstrukturen der Gesellschaft geübt.[1] Die große Koalition hatte die innerparlamentarische Opposition eigentlich verschwinden lassen.

1) Chaussy, U. Jugend in: Benz (Hrsg.) Die Bundesrepublik Deutschland a.a.O.

Thränhardt, Die Bundesrepublik Deutschland
Frankfurt a.M. 1986

So nahm eine neue Generation von Studenten die Rolle der außerparlamentarischen Opposition an und richtete ihren Protest zunächst gegen Ereignisse in der Dritten Welt und gegen die Machtpolitik der Industriestaaten. Schah-Regime und der Vietnam-Krieg waren die Themen. Bald aber griff die Bewegung auch auf innenpolitische Themen über und analysierte die Vorgänge der Stadtentwicklung vom gesellschaftlichen Standpunkt aus.

Als Antwort auf die rein technische und scheinbar unpolitische Zielsetzung der Stadtplanung versuchte die neue außerparlamentarische Opposition, Hintergründe von Macht und Herrschaft aufzuzeigen und die Bürger zum Protest dagegen aufzurufen. Die Gegenstände dieses Protestes bei der Entwicklung der Städte waren:

— die Verdrängung der Wohnbevölkerung aus den Innenstädten durch die Ausbreitung des tertiären Sektors mit seinen Büro- und Verwaltungsbauten,

— die damit verbundene Vernichtung billigen Wohnraums, der zum Teil noch erheblich unter dem Mietniveau des sozialen Wohnungsbaus lag,

— die in einigen Städten — besonders in Berlin — begonnene großflächige Sanierung mit ihren unerfreulichen Zwischenzuständen der „entmieteten" und dann auf Jahre leerstehenden Häuser,

— die dauernde Zunahme des Autoverkehrs und die unglücklichen planerischen Gegenmaßnahmen, wie Stadtautobahnen und Straßendurchbrüche in gewachsenen Stadtstrukturen,

— die Erhöhung der Tarife für die öffentlichen Verkehrsmittel, die doch gerade als einzig wirksame Einrichtungen gegen die Stadtzerstörung durch den Autoverkehr gesehen wurden,

— die zunehmende Verschmutzung der Umwelt sowohl durch die neuen Industrien als auch durch den wachsenden Verkehr,

— die ständig wachsenden Müllberge einer „Wegwerfgesellschaft."

Wichtiger als diese Einzelthemen aber war die Kritik am gesellschaftlichen System, das offensichtlich nur wenige Mächtige auf Kosten der Allgemeinheit begünstigte. Die Kritik war z.T. radikal, die Aktionen, mit denen sie vorgetragen wurde, bewußt provozierend.

Aus diesen Protestbewegungen entstand dann schließlich die Forderung nach „Partizipation" in der Planung. Auch diese Forderung wuchs schließlich wieder zum Mythos heran. Er trat im Gefolge eben dieser gesellschaftlichen Auseinandersetzungen auf und war damit schon von der Art seiner Entstehung zum Mythos bestimmt. Das Aufbegehren auf Grund offensichtlicher Mißstände ließ die Kontrolle der Planung durch Partizipation der Betroffenen verlangen. Und im Trend einer starken politischen Bewegung eingeführt, blieb die Mitwirkung an der Planung teils institutionalisiert, teils einer sich von Fall zu Fall selbst organisierenden Öffentlichkeit erhalten.[2] Denn sie lebt, Gott sei Dank, heute noch. Schon im ersten Drittel der 70er Jahre hatten die Politiker auf Bürgerinitiativen zu hören gelernt. Immer öfter setzten diese Gruppierungen nun ihre Ziele auch gegen schon bestehende Pläne der Verwaltung durch. Und es gab, auch von der Seite der Kommunen initiiert, eine große Zahl von Versuchen, die Meinungen der Bürger zu erfragen und in die Planung einzubeziehen. „Advokaten-Planung" etwa, wie sie von den USA bekannt war, Verhandlungen auch mit Hausbesetzern und schließlich alternative Planungen nach den Wünschen der Bürger wurden nun in manchen Städten zur Regel.[3]

Aber auch neue Wertfragen begannen die Ziele der Planung zu bestimmen. Die Erhaltung der noch vorhandenen Reste historischer Umgebung und vor allem der Schutz der natürlichen Ressourcen traten an die Stelle der Förderung wirtschaftlichen Wachstums. Und die Fragen, die bisher die Politik bewegt hatten, wie die Bewältigung des Autoverkehrs, die Einrichtung neuer Wohnsiedlungen, besonders aber die Förderung der Wirtschaft, schienen Anfang der 70er Jahre zunächst einmal in Vergessenheit geraten.

Politische Programme

Die politischen Parteien, nun auch von der Wichtigkeit der Stadtentwicklung überzeugt, begannen zum ersten Mal, auch selbst komplette kommunalpolitische

2) ausführlich diskutiert in arch +
Heft 21ff.
ab Februar 1974

3) u.a. in Körber, K./Siebel,W.
Versuche mit parteilicher Planung in
Müller, C.W./Nimmermann, P.
Stadtplanung und Gemeinwesenarbeit
München 1971

Grundsatzprogramme aufzustellen. Bereits das erste dieser Programme (Jusos 1971)[4] erhob den klaren Anspruch der Priorität der Politik auch in der Planung. Es benannte Mißstände, setzte Ziele, erwog Maßnahmen und überlegte Durchsetzungsstrategien. Insoweit gab es auch schon ein Beispiel wissenschaftlich-pragmatischen Denkens.

4) Roth, W. (Hrsg.) Kommunalpolitik — für wen? Arbeitsprogramm der Jungsozialisten Frankfurt a.M. 1971

Die anderen Parteien zogen nach und 1976 konnte das „Deutsche Institut für Urbanistik" erstmals die kommunalpolitischen Programme der Parteien in Synopse vorlegen.[5] Ein einsamer Gipfel der Entwicklung übrigens. Denn heute werden kommunalpolitische Programme bestenfalls noch zu Wahlzeiten in einzelnen Städten vorgelegt, und sie haben nur noch selten den klaren gesellschaftspolitischen Anspruch dieser ersten Programme.

5) DIFU (Hrsg.) Kommunalpolitische Grundsatzprogramme der Parteien Berlin 1976

Proteste der Bürger und der Planer

Die Protestbewegung um 1970 war durchaus nicht nur auf die Hochschulen beschränkt. Neben wirklich von Planungen Betroffenen aus bürgerlichen Kreisen hatten sich auch viele Planer eindeutig gegen ein Überhandnehmen der rein kommerziellen Interessen in der Stadtplanung ausgesprochen. Nach vielen entsprechenden Beiträgen in den Fachzeitschriften und Tageszeitungen zeigte eine Ausstellung „Profitopolis" 1971[6] die Anklage auch der Fachwelt gegen die kaum noch von Planung gesteuerte, sondern von Bodenpreis und Spekulation bestimmte Entwicklung. Hier wurde der Bürger zum Protest aufgerufen, aber es wurden auch gleichzeitig Vorschläge für eine bessere Stadt gemacht, die gesellschaftliche Vielfalt durch Wohnungsmischung, Bündelung des Verkehrs in Hochleistungsautobahnen und multifunktionale Hochhäuser entstehen lassen wollte. Alles nur technische Maßnahmen also, die den Architekten und Planern wieder als Heilmittel einfielen.

6) Fischer, W./Lehmbrock, J. Profitopolis, oder der Mensch braucht eine andere Stadt Ausstellungskatalog München 1971

Die studentische Protestbewegung

Aber die studentische Protestbewegung meinte etwas ganz anderes als die Heilung der städtebaulichen Misere durch neue Technik oder neue städtebauliche Leitbilder. Hier meinte man zunächst einmal die Gesellschaft von

Grund auf erneuern zu müssen, ehe man die Welt mit einer neuen besseren Planung beglücken könnte.

Und erst, als dann einige Jahre später das als doch nicht „machbar" erkannt wurde, richteten sich die Intentionen der nun auch anders zusammengesetzten Bürgerinitiativen stärker auf die wirklichen ökologischen und städtebaulichen Probleme: Keine städtebaulichen Großformen, keine Hochhäuser, keine Stadtautobahnen und Großsiedlungen mehr, statt dessen Schutz der Umwelt, Beruhigung von Wohnstraßen, Ersatz des Autoverkehrs durch öffentlichen Verkehr. Schließlich erstritten die Initiativen sogar die Aufnahme der Bürgerbeteiligung ins neue Bundesbaugesetz. (1976)

In der Tat wurde dieser Umschwung in der Planung — der in der Tendenz ja bis heute anhält — stärker von den Bürgerinitiativen als von den weitgehend in technischem Denken befangenen Planern selbst eingeleitet.

Möglichkeiten und Grenzen der Bürgerbeteiligung

So haben die Bürgerinitiativen ihren nachweislichen Anteil an dem Wandel der Planung und ihrer Umorientierung an neuen Werten am Anfang der 70er Jahre. Und der Mythos der Bürgerbeteiligung oder gar der Planung durch das Volk wirkt ja bis heute sehr lebendig fort.

Aber man muß fairerweise auch einen Blick auf die Schattenseite dieser Bewegung werfen, denn weder ist die „Planung der Experten" schon ein Gütesiegel, noch ist leider auch die „Planung von unten" von vornherein unfehlbar. Oft arbeiten und planen ja solche Initiativen wirklich nur nach dem „St.-Floriansprinzip" (laß mein Haus stehn, zünd' andre an), indem sie nun wirklich auch für die Allgemeinheit notwendige, aber für die nähere Umgebung störende Anlagen nur in ihrer eigenen Nähe nicht dulden wollen. Und zu Recht konnte Stuttgarts Oberbürgermeister Rommel von der „ökologischen Maskerade" vieler Bürgerinitiativen sprechen, die mit dem Schutz der Umwelt und der Erhaltung des Stadtklimas argumentierten, in Wahrheit aber nur vordergründig eigennützige Interessen an ihren Grundstücken vertraten. Und die heimliche Befriedung von Bürgerinitiativen mit Hilfe von Geld ist ja leider auch keine ganz neue Erkenntnis.

Aber diese Schattenseiten der Bewegung wird man in Kauf nehmen müssen. Man wird nur bei den politischen Entscheidungsgremien noch Urteilskraft und Integrität und bei der sie beratenden Verwaltung Kompetenz voraussetzen müssen, um auf eine vernünftige Bewertung und Plazierung der Bürgerwünsche in der Planung rechnen zu können. Auch heute ist die Abwägung zwischen Gemeinwohl und berechtigten Wünschen von Gruppen nicht immer leicht zu treffen.

Die „vor- oder postmoderne" Stadt als neuer Mythos

Bis in die erste Hälfte des Jahrzehnts bestimmten also politische Forderungen weitgehend das Geschehen in der Stadtentwicklung. Aber wo sind ihre baulichen Leitvorstellungen? Denn auch sie bedürfen ja letztlich der baulichen Ausformung ihrer Absichten beim Weiterbau der Stadt. Für die Stadtgestalt hat diese allgemeine Umwertung der Werte zunächst neue Friktionen und sichtbare Bruchstellen erbracht. Die Entwicklung war auf den Flächennutzungs- und Generalverkehrsplänen der frühen 60er Jahre basierend angelaufen und teilweise schon realisiert. Jetzt gab es auf Grund der Bürgerproteste grundsätzliche Stops im Ausbau etwa von Stadtautobahnen und Hauptverkehrsstraßen, gab es Rezessionen in der Ausweisung neuer Siedlungsgebiete und die Umwandlung vorgesehener Hochhausgebiete in Areale für Einfamilienhäuser.

Hier spielte natürlich auch die inzwischen eingetretene zeitweise Sättigung des Wohnungs- aber auch des Bürohausmarktes eine Rolle, die ja für viele Jahre vorhalten sollte. Und so bleibt vielleicht doch die Frage, ob manche der erkennbaren Erfolge der Bürgerinitiativen überhaupt eingetreten wären, wenn ihnen nicht das gleichzeitige Überangebot an Wohnungen, Büroraum und Straßen in die Hände gearbeitet hätte.

Und das war auch der Ärger des radikalen Flügels dieser Initiativen: Das angebliche Nichtfunktionieren des kapitalistischen Systems wurde eben nicht recht deutlich, schon weil zur Zeit ein gewisser Überfluß auf vielen Gebieten des öffentlichen Lebens sichtbar wurde. Außerdem konnten viele einzelne Härtefälle mit Geld abgetan werden. Für die Investoren spielten die Abfindungssummen im Verhältnis zum möglichen Gesamtgewinn eben keine Rolle. Die soziale Komponente der Marktwirtschaft konnte mit einem sichtbaren Überfluß von Kapital gut funktionieren.

Die neue Gestalt der Stadt

Für die Wünsche der Stadtgestalt gab also ein zwischen den einander widersprechenden Strömungen der Initiativen mühsam erreichter Teilkonsens eher an, was man nicht mehr wollte:

— möglichst keinen Abbruch von alten Wohnhäusern mit billigen Mieten,
— keine weiteren Bauten für den Autoverkehr, die doch nur neuen Verkehr anziehen,
— keine Hochhäuser, die doch nur einzelnen Profit und den anderen Nachteile bringen,
— keine Trennung der Funktionen Wohnen und Arbeiten, schon um unnötigen Verkehr zu vermeiden.

Und schon fast allein aus diesem Negativkatalog entwickelte sich wieder das Vorstellungsbild der Stadt, wie sie vor dem Ersten Weltkrieg, also vor Eingriffen irgendeiner modernen Stadtplanung, aussah.

Die Wiederentdeckung der Vormoderne

Es gab aber noch weitere Gründe für die Wiederentdeckung der vormodernen Stadt. Der erste kommt aus dem ideologischen Denken der Protestbewegung. Für sie mußte die neue städtebauliche Form eigentlich zwangsläufig in einem Rückgriff auf die Vergangenheit bestehen. So absurd das klingt, ist es — zumindest im nachhinein — doch auch geschichtlich logisch. Die Bauformen der Sozialreformen der 20er Jahre waren inzwischen vom „Klassengegner" adaptiert und damit „verbraucht". Alles, was mit der Stadt seit dem Krieg geschehen war, war in eben diesen Bau- und Städtebauformen der 20er Jahre geschehen: Die Verkehrsschneisen, die Hochhäuser, die Büro„paläste" waren im — wenn auch oft schlecht kopierten — Stil der „Moderne" errichtet. Die Reaktion war in gewisser Weise natürlich. Was noch stand von der alten Vorkriegsstadt, das wurde jetzt Symbol für eine bessere Welt. Die Gründerzeitviertel des vorigen Jahrhunderts waren inzwischen der Wohnort der ärmeren Bevölkerung geworden und sie waren es also, die es für die „neuen“ Sozialreformer zu schützen und auszubauen galt.

So entstand das Bild einer neuen Stadt nicht zuletzt aus der vermeintlichen Wahlverwandtschaft der Protestbewegung um 1970 mit der Stadt des 19. Jahrhunderts. Was die Großväter noch als für die Arbeiterklasse unwürdig bekämpft hatten, wählten die Enkel nun als Symbol des Widerstands gegen die Stadtentwicklung des Kapitalismus: Ein Paradoxon der Geschichte, denn ein gutes halbes Jahrhundert Architektur- und Stadtentwicklung der „Moderne“ schien aus dem Bewußtsein der Gesellschaft auf einmal ausgeblendet.

Die Rückkehr zum Erlebnis von historischen Raumfolgen: Aus der Townscape-Rubrik der Architectural-Review um 1960

Aber, und das mag ein weiterer Grund für das Ende der Moderne sein: Es hatte in den Innenstädten den „modernen“ Städtebau seit Anfang der 60er Jahre auch nicht mehr gegeben. Es gab hier viele hervorragende Einzelobjekte der modernen Architektur, aber es gab kaum noch überzeugende Ensembles und es gab keinen modernen Städtebau mehr im Sinne der Neugestaltung alter Stadtviertel.

Die ästhetische Forderung der Moderne nach frei schwingendem Raum zwischen spannungsvoll gruppierten Baumassen war in den Innenstädten eigentlich nie überzeugend durchzuführen gewesen. Die festgeschriebenen Grundstücksgrenzen in der Innenstadt, aber auch die maßlose Sucht der Investoren, ihre zu kleinen Grundstücke bis zum letzten auszunutzen, das alles konnte keine Stadt im Sinne Le Corbusiers oder Hilberseimers zustande kommen lassen. Was sich in der Realität zeigte, war meist öde, spannungslos und abstoßend. Begeisterung für die vielleicht gedachten, aber in der alten Stadt einfach nicht zu verwirklichenden Raumstrukturen konnte so nicht entstehen.

So lag es nahe, daß man etwa in England schon Anfang der 60er Jahre wieder den historischen Raumfolgen und Gebäudegruppierungen der gut proportionierten Plätze meist alter Städte nachspürte und das Erlebnis des Raumes wiederentdeckte. Was Gordon Cullen[7] so in praktischer angelsächsischer Manier gelang, führte in Deutschland zu grundlegender Gedankenarbeit und in Italien zu

7) Cullen, G. Townscape London 1961

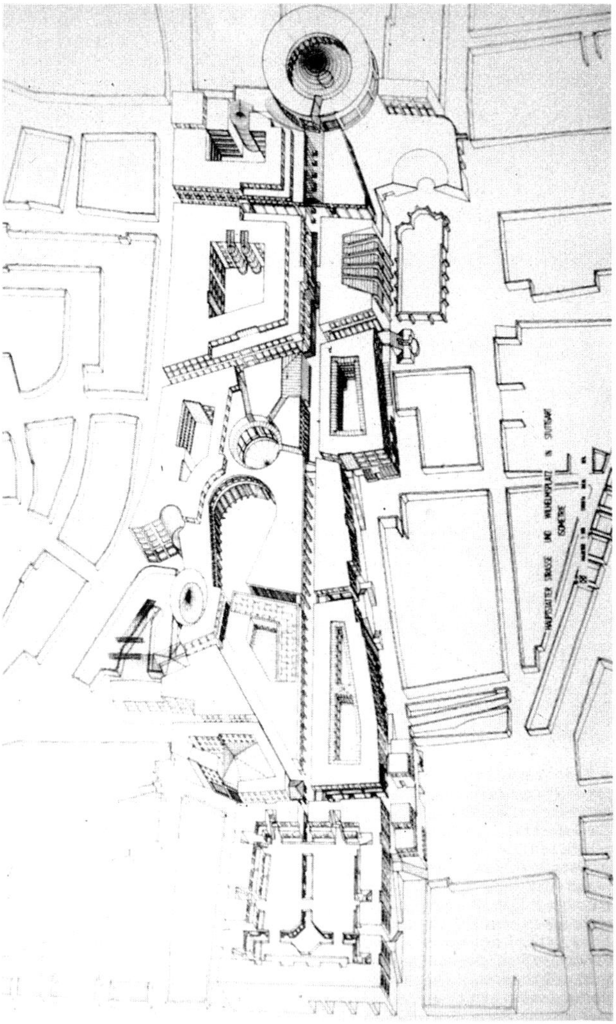

Die Wiederentdeckung des (pseudo-) historischen Stadtraums: Vorschlag für einen Totalumbau der Stuttgarter Nachkriegs-Innenstadt (R. Krier 1975)

geistreichem Spiel. In Berlin findet sich am Lehrstuhl von Fritz Eggeling und um O.M. Ungers eine Gruppe von jungen Architekten, die über eine stärkere Einbindung von Architektur in einen gegebenen städtebaulichen Kontext nachdenkt und experimentiert. Die gleichzeitig arbeitende „Venezianer Schule“ ermutigt wahrscheinlich zu diesem dramatischen Schritt: weg von der Architekturauffassung der Moderne.

Später entwickelt R. Krier seine Anschauungen über den Wert historischer Stadträume.[8] Er plant auch für Stuttgart den Rückbau von Plätzen und Straßenkreuzungen zur Gewinnung geschlossener Stadträume. Das

8) Krier, R. Stadtraum in Theorie und Praxis Stuttgart 1975

Neues Stadtgefüge am Stuttgarter Schloß durch An- und Umbau (R. Krier 1975)

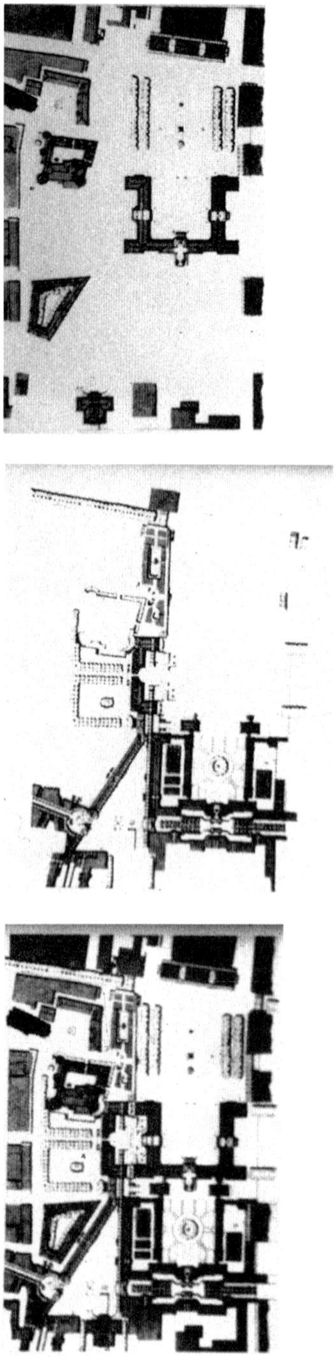

Ganze ist im Grunde nur ein neuer Formalismus, der die nie zu Ende geführte Moderne im Städtebau ablöst.

Und der Entwurf zeigt auch technisch die Grenzen solcher struktureller Historisierungsbestrebungen im modernen Städtebau: Die neuen Räume sind nur mit einem unangemessenen technischen Aufwand in mehreren Ebenen zu verwirklichen und ergeben durch ihre Anschlüsse an Bestehendes wenig befriedigende Lösungen.

Trotzdem sind dies wichtige Vorarbeiten für eine neue Aufgabe im Städtebau: die Stadterneuerung an einer weitgehend noch bestehenden Substanz. Auch diese Aufgabe brauchte ihren geistigen Überbau. Und hier entstand aus so verschiedenen Wurzeln wie einer gesellschaftlichen Empörung und aus einem neu erwachten Geschichtsbewußtsein der Planer eine neue Form des Städtebaus.

Der Mythos der Wissenschaftlichkeit oder der Versuch einer inneren Reform der Planung

Auch auf einem ganz anderen Gebiet der Planung waren die Fehlentwicklungen der 60er Jahre Anstoß zu einer neuen Methodik, neuem Denken.

Die wachsende Kritik am Verlauf der Stadtentwicklung ließ den Wunsch nach besserer Steuerung und Kontrolle aufkommen. Dazu boten sich auch Methoden der Sozial- und Wirtschaftswissenschaften, wie Systemanalyse, Kybernetik, Entscheidungstheorien und sachbezogenes Management an. Noch auf der Höhe des Glaubens an die Allgewalt der Technik, ihres auch gesellschaftspolitisch wirksamen Potentials und ihrer Steuerbarkeit stellte der Präsident des Deutschen Städtetages, Hans-Jochen Vogel, 1971 fest:[9]

„Die Umwelt ist machbar geworden" und fordert
- eine intensivere Stadtforschung,
- durchdachtere Konzeptionen für die Stadtentwicklung,
- bessere Verwaltungs- und Steuerungstechniken, kurz
- ein neues Verständnis der Stadtplanung.

Das heißt im einzelnen: Einführung einer aktiven Entwicklungsplanung statt der bisherigen „Auffangplanung" und Erweiterung des Begriffes der räumlichen Stadtplanung auf die neuen Handlungsfelder der Ressourcen-, Finanz- und Zeitplanung. Auf jeden Fall setzt das eine intensive Planung in allen Fachbereichen, auch der gesamten technischen und sozialen Infrastruktur, voraus und verlangt eine umfassende Abstimmung aller Einzelplanungen zu einer abgestimmten Gesamtplanung. Anstöße kamen auch aus den angelsächsischen Ländern, in denen die Idee des „comprehensive planning" geboren war.

Die neuen Stadtentwicklungsämter, denen diese Aufgabe zufiel, sollten möglichst der Verwaltungsspitze direkt unterstellt sein und als eine Art fachliches Über-Ich für alle planenden Ämter wirken. Sicher war zuzugeben, daß bis dahin Planungen der einzelnen Fachämter nicht vollständig abgestimmt wurden. Besonders galt das für Ämter, die für technische Infrastruktur und solche, die für soziale und kulturelle Einrichtungen zuständig waren. Das sollte nun anders werden. Die stetige, auf viele Jahre vorausschauende, alle Fachbereiche umfassende und finanziell gesicherte Planung hätte die Regel werden sollen.

Von vornherein bleibt dabei unklar, wie ein solch umfassendes Werk, wie die Entwicklungsplanung einer Großstadt, noch im einzelnen mit der Bevölkerungsbeteiligung — als eine der wichtigen politischen Forderungen der Zeit — in Einklang zu bringen ist. Da „viele Vorstellungen, erst sobald sie konkret werden, Interessenkonflikte auslösen", hielten viele Planer aber eine solche umfassende Planung für schlicht unmöglich und nur eine Fortschreibung in Teilgebieten für realistisch. Die spätere Entwicklung sollte ihnen recht geben.[10]

Denn die großen Hoffnungen trogen: die Gesamtentwicklungspläne waren nur in wenigen Städten aufzustellen und in ganz wenigen durchzusetzen.[11]

Und inzwischen hat auch die „Stadtbauwelt", über viele Jahre Forum und Sprachrohr der Wissenschaftlichkeit der Planung, eingesehen: „Wirklich gescheitert ist der Versuch, eine naturwissenschaftlich und rational begründete Wissenschaft der Planung zu installieren, weil dabei immer mit so vielen Variablen gearbeitet werden muß, daß darüber jeder Bezug zur Wirklichkeit der Stadt verloren geht."[12]

9) Vogel, H.J. als Präsident des deutschen Städtetages auf dessen Hauptversammlung in München 1971

10) Göb, R., „Stadtentwicklung" in Städtebau und Landesplanung im Wandel
Deutsche Akademie für Städtebau und Landesplanung
München 1987

11) z.B. MÜNCHEN Stadtentwicklungsplan 1973
KÖLN Stadtentwicklungsplanung Gesamtkonzept 1977
HANNOVER Stadtentwicklungsprogramm 1973
WUPPERTAL Räumlich-funktionales Entwicklungskonzept 1974
NÜRNBERG-PLAN, hierzu: u.a. Städtische Entwicklungsplanung als kooperative Aufgabe von Wissenschaft und Praxis in Der Städtetag 6/1971 u. 2/1973

12) Stadtbauwelt 48/1988
Zu berücksichtigen ist dabei, daß natürlich Herausgeber und Autoren im Laufe der Jahre gewechselt haben.

Über die Spannung zwischen der Rechenhaftigkeit von Wissenschaft und der letztlich doch intuitiv zu findenden Lösung von räumlicher Planung ist viel diskutiert worden. Besonders an der Arbeit des *gestaltenden* Stadtplaners wird dieser Konflikt deutlich. Bei allem Wissen um die künftige Sozialstruktur und die klimatologischen, morphologischen und verkehrlichen Rahmenbedingungen muß der Planer die Form für die Aufgabe aus der Intuition finden. Es gibt keine rechnerische Methode zur Findung der optimalen Form und kann keine geben. Das heißt, Form entsteht aus — meist unbewußt — vorgegebenen Lösungsmustern, die bestenfalls der nachträglichen Überprüfung mit rationalen Kriterien zugänglich sind.[13]

13) s. hierzu auch Sieverts, Th. Stadtplanung zwischen Intuition und Berechnung
in Raumplanung und Entscheidungstheorie
Deutsche Akademie für Städtebau und Landesplanung
München 1969

Im eigentlichen Entwurfsprozeß hat das Wissen um spezielle wissenschaftlich zu definierende Probleme natürlich eine starke Anstoß- und Kontrollfunktion. Aber das letztlich ausgeformte Ergebnis eines Entwurfs hat doch ganz andere Ursprünge. Sie liegen im Vorstellungsbild des Entwerfenden. Und dessen Korrektur könnte bestenfalls durch allgemein gültige künstlerisch-gesellschaftliche Normen erfolgen.

Obwohl solche Überlegungen vorwiegend für das Gebiet der städtebaulichen Entwurfsgestaltung gelten, wurde dieser Zusammenhang zwischen wissenschaftlicher Analyse und intuitiver schöpferischer Formenfindung doch oft übersehen und führte zu anhaltender gegenseitiger Frustration von analysierenden Wissenschaftlern und assoziativ arbeitenden Architekten im Städtebau.

Solche Gedanken wurden auch noch 1969 von Tom Sieverts vorgetragen, aber schon 1970 hatte auch er sich von der Rechenhaftigkeit der Planung so mitreißen lassen, daß er zusammen mit Martina Schneider einen langen Aufsatz über die Theorie zur Stadtgestalt schrieb, der „mit Fußnoten und Literaturliste" arbeitete, aber ohne ein einziges Bild auskam. Er endete mit den Worten: „scheint sich das ganze Urban Design und die ganze Stadtplanung auf dem besten Weg zu einer interdisziplinären kybernetischen Methodik zu befinden."[14]

14) Stadtbauwelt 26/1970

Hierzu urteilt die „Stadtbauwelt" heute: „Das war der kybernetische Overkill zur Leugnung der Wirklichkeit der Stadt."[15] Im Zusammenhang mit unserem Thema bleibt zu bemerken, wie ein voll entfalteter Mythos im Städtebau auch so kritische Geister wie Tom Sieverts in ihrem Urteil eigentlich schon über die Grenzen der Vernunft hinausschleudern kann.

15) Reiß-Schmidt, Stein und Zwoch in Stadtbauwelt 48/1988

Erst langsam begannen die beiden Gruppen der Wissenschaftler und der Architektenplaner zu verstehen, wo in der Zusammenarbeit die Möglichkeiten ihrer Wirkung lagen. So haben z.B. das auf Betreiben des Deutschen Städtetages gegründete Deutsche Institut für Urbanistik und eine Reihe anderer praxisbezogener Institute wirklich die Felder abgesteckt, bei denen Wissenschaft den Planern Handlungsgrundlagen vermitteln kann:[16]

16) Sauberzweig, D. Wissenschaft im Dienst der Städte in Der Städtetag 3/1983

- die Vermittlung brauchbarer wissenschaftlicher Methoden zur Problemerkenntnis und Problemanalysen sozialer Vorgänge, so
- Erkenntnisse über Entwicklungen in der Wohnversorgung und auf dem Wohnungsmarkt
- die Abschätzung neuer Entwicklungen etwa in der Sozialstruktur oder in der Technik,
- die Abgleichung von Sanierungsstandards,
- die Vermittlung des Einflusses der kommunalen Wirtschaftspolitik,
- die Interpretation und praxisbezogene Anwendung der Gesetzestexte, vor allem aber in
- der Erarbeitung von entwicklungspolitischen Zielen und aus ihnen entwickelten Strategien und Programmen zu ihrer Durchsetzung.

Solche Methoden und Verfahren hatten die Architektenplaner auf ihren Hochschulen nicht gelernt, obwohl Teile davon auch schon in der Praxis erarbeitet waren.

Doch zunächst einmal brachte die Wissenschaft auch Theorien, Methoden und Verfahrensweisen ins Spiel, die der Planung nicht helfen konnten. Mit einem hohen Datenaufwand förderte die Wissenschaft Probleme zutage, die die Planer nicht interessierten. Entweder erschienen ihnen die Ergebnisse zu marginal, um sie in die Planung einbauen zu können, oder, was häufiger geschah, die aufgeworfenen Probleme waren mit Mitteln der räumlichen Planung ohnehin nicht zu lösen. Da konnten auch die inzwischen aufgestellten Gesamtentwicklungspläne kaum Hilfe bringen. Ihre Durchführung gelang meist nur in kleineren Teilbereichen.

Vordergründig lag das wohl an der kontinuierlichen Abnahme der verfügbaren Mittel in den Kommunen. Tatsächlich aber scheiterten diese Planungen an einem tiefen Mißverstehen zwischen Entwicklungsplanung und Kommunalpolitik. Diese Politik ist viel zu stark an Personen und Gruppen gebunden, die einem heftigen und dauernden Zwang zum Reagieren auf die dauernd wechselnden Situationen und natürlich auch zur politischen Profilierung von Parteien und Personen unterliegen, als daß sie sich nur als Verwalter und Vollstrecker eines einmal gefaßten Entwicklungsplans auf die Dauer darstellen könnten.

Computermodelle

Eine andere große Hoffnung der Planungswissenschaften schien sich im Einsatz computergestützter Rechenmodelle für die Simulation von Stadtentwicklungen anzubieten. In den USA waren schon einige solcher Modelle meist für die Simulation bestimmter sozialer Entwicklungen entworfen worden. Und für die Verkehrsplanung gab es schon lange Simulationsmodelle, um die Belastungen eines Straßennetzes bei eingegebenem Verkehrsaufkommen in einzelnen Zellen darzustellen. Was lag also näher, als auch die gesamte Stadt umfassende Modelle für Bevölkerungs- und Beschäftigtenentwicklungen in Verknüpfung mit Flächennutzung, Verkehr und Infrastrukturbedarf zu entwickeln.[17]

In der praktischen Anwendung erwiesen sich die meisten Modelle aber als wenig praktikabel. Die für konkrete Aussagen erforderlichen Datenmengen waren nur mit sehr großem Aufwand zu beschaffen und auf dem laufenden zu halten.

Die Voraussagen, die die Modelle lieferten, erwiesen sich — gemessen an der wirklich eintretenden Zukunft — als nur sehr entfernt treffend. Die Wirklichkeit bot eben noch viel mehr Parameter als sie das beste Modell darstellen konnte. Deshalb verschwanden diese „Saurier" der alles umfassenden Simulationsmodelle auch im Laufe des Jahrzehnts wieder. Sie erhielten Nachfolger,

17) Unter anderem:
— Battelle-Institut Simulationsmodell Polis
Frankfurt a.M. 1973
— Popp, W. Planungsmodell SIARSSY
in Städtebauliche Forschung Bundesminister für Raumordnung, Bauwesen und Städtebau
1974 Heft 03.018
— Volwahsen, A. Entwicklungsmodelle Völklingen
in Stadtbauwelt 36/1972
— Forrester, J.W. Urban Dynamics
Cambridge, Mass. 1969
— Wegener, M. / Meise, J. Stadtentwicklungssimulation
in Stadtbauwelt 29/1971
— Ben-Shahar Optimierung und Stadtplanung in Stadtbauwelt 29/1969

die sich mit Teilgebieten, etwa Wohnungsmarktprognosen, Infrastrukturbedarf o.ä., wesentlich erfolgreicher beschäftigen konnten.[18] Auch reine Informationssysteme in digitaler Speichertechnik können erfolgreich sein, wenn sie sich wirklich auf die Verfügbarkeit von flächenbezogenen Daten beschränken und keinen falschen Ehrgeiz auf prognostische Aussagen und treffsichere Simulation erheben (z.B. das Informations- und Planungssystem (IPS) des Umlandverbandes Frankfurt).

18) Kleinere Prognosemodelle Hierzu gehören besonders Wohnungsmarktmodelle z.B. für München und Frankfurt

Szenarien

Schließlich wurden die Analytiker nach Konfrontation mit der Wirklichkeit vorsichtiger. Statt der deterministischen Modelle, die noch am Anfang des Jahrzehnts mit großer Zuversicht entwickelt wurden, tauchten Anfang der 80er Jahre dann sogenannte „Szenarien" auf, die nun in vorsichtiger Beschreibung mit „wenn-dann-Ansätzen" ein mögliches, aber nicht bindendes Bild der Zukunft entwarfen. Sie leisteten nun auch ohne den Anspruch einer verbindlichen Prognose weiterhin Wichtiges: nämlich die Beschreibung der Kräfte und Einflüsse, die die künftige Entwicklung bestimmen und die Darstellung ihrer gegenseitigen Abhängigkeiten. Der wichtigste Effekt dieser Szenarien aber war wohl, daß sich ihre Verfasser selbst über viele komplizierte städtische Wirkungszusammenhänge erst klar wurden, als sie mit diesen Methoden arbeiteten.

Die Erfolge der Wissenschaftlichkeit in der Planung

Was also bleibt von dem wissenschaftlichen Gesamtanspruch der Entwicklungsplanung?

1. Stadtteil-Entwicklungspläne

Zumindest auf Teilgebieten konnten praktikable und in aktuellen Fragen doch einigermaßen verläßliche Entscheidungshilfen geliefert werden. Besonders aber wurde Entwicklungsplanung dort wirksam, wo sie sich auf konkrete räumliche und politische Situationen beziehen konnte: in der Stadt*teil*planung. Hier waren sichtbare und umsetzbare Aufgaben zu lösen, hier konnten im Dialog mit Ortsbeiräten und Bürgeraktionen Planungen und Programme erarbeitet werden. Die Pläne versprachen als Reaktion auf die Forderungen der allgemeinen Zeitkritik meist Erhalt der Wohnquartiere, Verkehrsberuhigung, Verbesserung der Infrastruktur, Verschönerung des Stadtteils.

In der Regel sind bei der Aufstellung solcher Pläne erstmals im großen Umfang wissenschaftliche Methoden angewandt und gleichzeitig sehr konkrete Inhalte der Stadtwirklichkeit damit beabeitet worden.

So war z.B. die Verkehrsberuhigung als ein großes Planungsziel an einigen Stellen zu verwirklichen. Allerdings nur dort, wo in der Nähe Ortsumfahrungen oder wenigstens Bündelungen des Verkehrs auf dafür geeigneten Straßen geschaffen werden konnten, um die Wohnstraßen zu entlasten.

Die geringsten Erfolge waren meist mit der Neuschaffung der in den Plänen vorgesehenen Ergänzung der Infrastruktur zu erreichen. Einmal gerieten die Städte zunehmend in eine Finanzkrise, zum anderen lösten sich Probleme mangelnder Infrastruktur durch weitere Abnahme der Bevölkerungszahl vorübergehend oft von selbst.

Trotz allem war die Stadtteilplanung ein wichtiger Schritt, bei dem erstmals auch eine neue Planungsmethodik *mit* Bevölkerungsbeteiligung erprobt werden konnte und Erfolge zeigte.[19]

19) Stadtteilentwicklungspläne sind in vielen Städten aufgestellt worden. Mit sehr intensiver Bevölkerungsbeteiligung (Anhörungen, Volkshochschulkurse usw.) geschah das z.B. in Frankfurt a.M. 1972-1977

2. Eingang wissenschaftlicher Methoden ins Denken der Planer

Das Denken der Planer ist durch die neue Stadtentwicklungsplanung doch um ein erhebliches Maß an wissenschaftlichen Methoden bereichert worden: Bessere und für die Planung aussagekräftige Methoden der Bestandsaufnahme, verfeinerte statistische Methoden, besonders aber auch eine bessere Einsicht in gesellschaftliche und soziale Zusammenhänge, sowie Simulationsmodelle und die Szenariotechniken, das hat das Vordringen der Wissenschaften der Planung doch gebracht. Die Schwierigkeiten liegen nur darin, einmal die Grenzen der nun erweiterten eigenen Aussagefähigkeit zu erkennen und zum anderen diese um die ganze Wissenschaft bereicherte Planung nun auch noch Außenstehenden, besonders den beschließenden Gremien, begreifbar zu vermitteln.

3. Gesellschaftsplanung und politische Ziele

Und welche Erwartungen an die wissenschaftliche Planung, die Jochen Vogel in seiner Rede vor dem Städtetag ja auch ein wenig als Gesellschaftsplanung gesehen hatte, haben sich im Rahmen grundsätzlicher politischer Zielsetzungen bestätigt? Ist die „nach einem gemeinsamen Willen der Gesellschaft gestaltete Stadt" entstanden oder auch nur zu planen gewesen? Ist die „Optimierung der Bodenrente hinter die Entwicklung des Menschen und seiner Persönlichkeit auf einer allgemein anerkannten Werteskala zurückgetreten?"

Die Hoffnung, daß durch Planung sich auch die Gesellschaft verändern ließe, hat sich gewiß nicht erfüllt. Aber auch viele der sozialpolitischen Einzelmaßnahmen, wie eine gerechtere Bodenordnung oder gar die Einführung eines Planungswertausgleiches, haben sich auch in den Jahren, in denen die SPD in Bonn noch regierte, nicht durchführen lassen. Aber manches ist im Rahmen der Kommunalpolitik doch einzuführen gewesen: Die Stadtteilparlamente, die überall in Großstädten entstanden, die Mitsprache der Bürger, die schließlich auch im Bundesbaugesetz geregelt wurde.

Aber vor allem ist die Weckung eines politischen Problembewußtseins gelungen, das dem politisch interessierten Teil der Bevölkerung am Beispiel der Stadtentwicklung einen guten Einblick in die wirtschaftlichen und politischen Zusammenhänge ermöglicht.

Inzwischen hat sich wohl aber das gesellschaftliche Klima in der Bundesrepublik so verändert, daß weitreichendere Eingriffe der Planung in die Wirtschaft und das öffentliche Leben immer weniger mehrheitsfähig geworden sind. Auch in der Politik sind wir eher bei der Methode der kleinen Schritte mal in diese, mal in jene Richtung angekommen.

Das vielleicht wichtigste neue Thema für das Planen der 70er Jahre bringt die Erkenntnis von der Bedrohung unserer Umwelt. Einige Wissenschaftler hatten schon seit Jahrzehnten vor der ständig zunehmenden Belastung der Umwelt gewarnt, aber erst die Untersuchung von Meadows über „Die Grenzen des Wachstums"[20] lenkte 1972 allgemeine Aufmerksamkeit auf das Problem: Dem exponentiellen Wachstum der Erdbevölkerung entspricht eine ebenso rasche Abnahme der natürlichen Ressourcen dieser Erde und die Zunahme der Schadstoffe, die auch Boden, Luft und Wasser bald bis zur „Nichtmehrregenerierbarkeit" belasten werden. Computergestützte Modellrechnungen machten diese Aussagen möglich und glaubhaft. Auch, daß der Auftraggeber nicht irgendein Außenseiter, sondern der seriöse „Club of Rome" war, festigte die Wirkung des Reports.

Aber es bedurfte noch der mühsamen Arbeit vieler engagierter Wissenschaftler und Planer, um diese Gedanken so weit voranzubringen, daß nun — zumindest bei großen Bauleitplänen und Großvorhaben — auch ökologische Untersuchungen gefordert werden. Immerhin ist die Umweltverträglichkeitsprüfung inzwischen zur Europäischen Norm erhoben worden.

Auf die Gestalt der Stadt wirken sich nun besonders klimatische Gutachten aus, die in der Tat durch Rücksichtnahme auf Kaltluftentstehungsgebiete und Luftschneisen einen neuen Aspekt auch in die städtebauliche Gesamtform bringen. Das fand seinen Niederschlag vor allem in den Freiflächenentwicklungsplänen, die nun überall in Angriff genommen wurden.[21]

Das Bewußtsein für die Probleme der Umwelt war in der Bevölkerung geweckt, und in der Politik konnten einige wesentliche Gesetze erzwungen werden, die wenigstens den physischen Kollaps der Städte abwenden könnten.[22] Dies sind Gesetze zur Schonung der wichtigsten Ressourcen und Erhaltung der Gesundheit wie z.B.

— Reinhaltung der Luft,
— des Wassers, zur verbesserten Abwasserbeseitigung,
— Verordnungen zum Lärmschutz.

Mit Hilfe dieser Gesetze, mit ihrer Planungshoheit und mit ihrer eigenen Bau- und Investitionspolitik ist

20) Meadows, D./Zahn, E./Milling P.
Die Grenzen des Wachstums
Bericht des Club of Rome zur Lage der Menschheit
Stuttgart 1972
Original: The limits to growth 1972

21) so z.B. Freiflächenentwicklungsplan der Stadt Frankfurt a.M., 1. Fassung durch R. Grebe
Nürnberg 1977
Beschlußfassung nach intensiven Diskussionen mit Ortsbeiräten und anderen Beteiligten = 1983

22) Vester, F. Ballungsgebiete in der Krise
Stuttgart 1976

den Städten ein Instrument an die Hand gegeben, mit dem sie einen wesentlichen Beitrag für die Ökologie der Stadt leisten könnten.[23]

Die künftigen Handlungsfelder einer gezielten Umweltpolitik für die Städte werden dabei u.a. sein:
- Erhalt und Ausbau der vorhandenen Freiflächen
- Recycling der brachfallenden Industrie- und Gewerbeflächen
- Reduktion der Belastung durch den Individualverkehr
- Abfallbeseitigungs- und Verwertungsprogramme
- Altlastensanierungsprogramme
- Wassereinsparprogramme und
- Energieeinsparprogramme

Energiepolitik

Auf allen diesen Feldern wird die Abhängigkeit der Industriegesellschaft von der Natur und den Rohstoffreserven sichtbar. Einen besonderen Anstoß für die Entwicklung des Bewußtseins dieser Abhängigkeit brachte die erste Ölkrise 1973, als die neu gegründete OPEC eine Erhöhung des Ölpreises beschloß und damit eine Wirtschaftskrise in der gesamten industrialisierten Welt auslöste.

Die Antwort war in Wissenschaft und Technik und in der Stadtentwicklung die Erforschung und Durchführung von Energiesparmaßnahmen, die Nutzung von Überschußenergie und Erschließung neuer Energiequellen. Obwohl die Energiepreise aber nach einigen Jahren wieder nachgaben, haben einige Städte, z.B. Erlangen, Saarbrücken, Mannheim, Flensburg, Heidenheim u.a., ernsthaft die Schaffung z.B. eines Fernwärmenetzes, eines Gesamtenergiekonzeptes und andere Maßnahmen zur Energieeinsparung versucht. Diese Fragen haben durch die Erkenntnis der Bedeutung des Ozonlochs eine neue Aktualität gewonnen.

Bauliche experimentelle Ansätze

Als baulichen Ansatz und sozusagen als eine Metapher für die Anstrengungen des Umweltschutzes und der Energieeinsparung gibt es schon Vorschläge für das

23) Göb, R. Die ökologische Stadt in Neue städtebauliche Aufgaben Bonn 1986

24) Gute Übersicht zu diesen Themen: in Andritzky, M., Burckhardt, L., Hoffmann, O. (Hrsg.)
Für eine andere Architektur
(2 Bände)
Bauen mit der Natur und in der Region — Deutscher Werkbund
Frankfurt 1981
Lutz, W.-R. / Heise, K.-D.
Projekt Nürnberg-Gostenhof
arch + 51/52 1980

„Öko"-Haus und einen „Öko"-Wohnblock, in dem die Grundsätze der Energieeinsparung und des Recyclings angewendet werden;[24] ebenso für Einspeisung von Überschußstrom aus Blockheizkraftwerken und viele andere gut gemeinte Anregungen, die aber in vielen Fällen noch nicht über das Planungsstadium hinausgekommen oder am Energiemonopol der großen Gesellschaften gescheitert sind.

Der große, eigentlich notwendige Durchbruch, etwa zu einer ökologischen Gesamtplanung mit entsprechenden Programmen, läßt noch auf sich warten.

Die Stadtsanierung und die vormoderne Stadt

Auf dem Gebiet der Stadterneuerung wird der Wandel der Auffassungen im Städtebau Anfang der 70er Jahre besonders deutlich. Hier wurde zum ersten Mal wirklich aus dem Protest der Bevölkerung auch ihre Beteiligung an der Planung gesucht, hier wurde die Erhaltung der alten Stadt wieder gefordert und versucht, hier fand schließlich die Abkehr von den Megastrukturen der 60er Jahre statt.

Von der Flächensanierung . . .

Aber der Beginn der Sanierung nach 1960 verlief ganz anders. Die Theoretiker der modernen Stadt wie Le Corbusier und Hilberseimer hatten eigentlich zur völligen Auslöschung der Stadt des 19. Jahrhunderts aufgerufen. Gnade fanden vor ihren Augen nur die geschichtlichen Zeugnisse des Mittelalters und geschlossene Barockanlagen. Die Zeit des Industriezeitalters aber war wegen ihrer Enge, ihrer Überfüllung, ihrer Funktionsunfähigkeit und in der Tat ihrer Unmenschlickeit das Böse im Städtebau schlechthin. Diese Stadtteile gehörten in den Augen dieser Kritiker so weit und so schnell als nur möglich abgerissen und durch Neueres, Besseres ersetzt.

Das war der geistige Ausgangspunkt auch für die Sanierungsabsichten der 60er Jahre. Und der Sanierungsbedarf war groß, besonders da man die Standards des sozialen Wohnungbaus und des Städtebaus der aufgelockerten

VIII 27

Sanierung im Wandel:
1963: Auf abgeräumter Fläche ein neuer Stadtteil. Aus dem Sanierungswettbewerb Berlin-Wedding
(W. Wortmann)

und gegliederten Stadt anlegte, nach deren Forderungen nach Licht, Luft und Sonne eigentlich alle Altbauviertel abbruchreif waren. In Berlin etwa waren das nach groben Schätzungen mit 430.000 Wohnungen ca. 45% des damaligen Bestandes.

Und mit solchen Maßstäben ging man in den 60er Jahren auch an die Planung und Durchführung der Sanierung heran: Großzügigste Planungen, die die Niederlegung der vom Krieg verschonten Restbestände ganzer Viertel nötig machte. So haben sich an dem Sanierungswettbewerb Berlin, Wedding/Brunnenstr. auf Aufforderung alle Lehrstühle für Städtebau in der Bundesrepublik beteiligt. Und fast alle haben Entwürfe für einen totalen Abriß und totale Neubebauung vorgelgt. Sie hingen alle an der Vorstellung eines völlig neuen Stadtteils, an dem nicht nur die bauliche, sondern auch die soziale Struktur verbessert werden sollte: eine bessere, d.h. repräsentativere Mischung der Einkommensgruppen bei den Bewohnern war ein erklärtes Ziel der Ausschreibung. In der Durchführung bedeutete das den schwierigen und daher lang dauernden Einzelaufkauf der Grundstücke, schleppende Entmietung, Zwischennutzung durch Vermietung an Ausländer und natürlich die Unterlassung jeglicher Bauunterhaltung. Für die verbleibenden Mieter wurden diese Umstände langsam aber sicher zur Katastrophe.

... zur behutsamen Erneuerung

Schließlich gelang es aber Gruppen von Planern, Sozialarbeitern und Bürgerinitiativen, Alternativplanungen gegen die offiziellen Planungen der 60er Jahre aufzustellen und durchzusetzen, die von einer weitgehenden Erhaltung der vorhandenen Bausubstanz ausgingen. Hier, in der täglichen Arbeit am Objekt, ging auch den Planern wieder die Schönheit der alten Ensembles auf.

In Berlin[25] gelang dieser Durchbruch bei der Planung des berühmten Blocks 118 in Charlottenburg. Hier haben 4 Architektengruppen einen ausgeschriebenen Wettbewerb in ein 18monatiges Verfahren mit den

25) Zu diesem Komplex s.a. Suhr, H. Der Leitbildwandel in der Stadterneuerung in: Städtebau und Landesplanung im Wandel Deutsche Akademie für Städtebau und Landesplanung München 1987

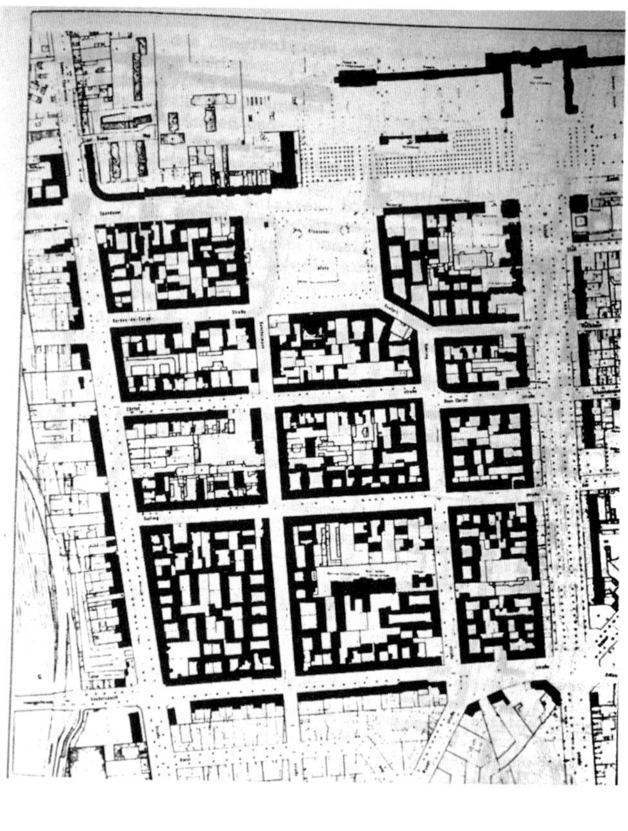

1975: Behutsame Erneuerung unter weitgehender Schonung und Wiederherstellung der vorhandenen Bausubstanz
Der Bestandsplan ...

. . . und der Sanierungsvorschlag
Berlin, Klausnerplatz
(Jahn, Suhr u.a.)

Betroffenen „umfunktioniert", an dessen Ende ein Bündel völlig neuer Sanierungsziele vorgelegt wurde:

— Erhaltung des charakteristischen Stadtbildes
— Beteiligung der Öffentlichkeit gem. StBauFG
— Erreichung eines tragbaren Mietniveaus
— Unterschreitung der herkömmlichen Wohnungsstandards, um bei der Modernisierung die Miete in einem tragbaren Rahmen zu halten.

Hier wird erstmals die politische Forderung der Erhaltung der Sozialstruktur an die ästhetische Forderung der Erhaltung der alten Stadtstruktur gebunden.

So wuchs langsam das Gegenbild gegen die technoiden Großformen der 60er Jahre heran: Die Erhaltung der bestehenden alten Stadt bei vorsichtiger Entkernung und Ergänzung von Baulücken. Gestalterisch führte das aber auch zum Rückgriff auf die Formen der alten, der „vormodernen" Stadt. Der vorhandene Baublock, die Straße, der Platz und sogar eine weitgehende Erhaltung der Hinterhofbebauung wurden als Formen des Stadtbildes wieder bejaht und neu gestaltet.

Die neue Form der Stadt

Und der Boulevard und das Schmuckplätzchen bestimmen von da an auch den Entwurf von neuen Wohnanlagen draußen vor der Stadt, für deren Form es keine Anlässe von dort vorhandener alter Stadt gab; aber unsere städtebaulichen Mythen wirken eben immer total.

Neue städtebauliche Form: Neubaugebiet München, Heidemannstraße (P. Petzhold)

Der Mittelpunkt dieses Geschehens war Berlin, wo nach heftiger politischer Diskussion mit der Durchführung einer Internationalen Bauausstellung (IBA) (offiziell seit 1979) neue Möglichkeiten für Stadterneuerung und Stadtreparatur gegeben waren. Stadtteile, wie Kreuzberg und südliche Friedrichsstadt, eigneten sich besonders, das alte Bild einer vormodernen Industriestadt wieder aufzunehmen. Hier war die Grundstruktur der alten Stadt noch vorhanden. Teils überalterte Bausubstanz, teils kriegszerstörte Areale boten für das Zusammenfügen von alten und neuen Bauten die besten Voraussetzungen.[26]

Die eigene Atmosphäre dieser Stadtteile mit ihrer Mischung von altvertrauten Stadtbildern und den Kahlschlagschneisen aus Kriegszerstörungen, aufgegebenen Nutzungen oder neuen Planungen forderte geradezu

26) Unter den vielen Veröffentlichungen zur IBA sind die beiden Bände zur IBA-Ausstellung 1984 wichtig:
1. Idee, Prozeß, Ereignis
Die Reparatur und Rekonstruktion einer Stadt und
2. Das Abenteuer der Ideen, Architektur und Philosophie seit der industriellen Revolution Berlin 1984

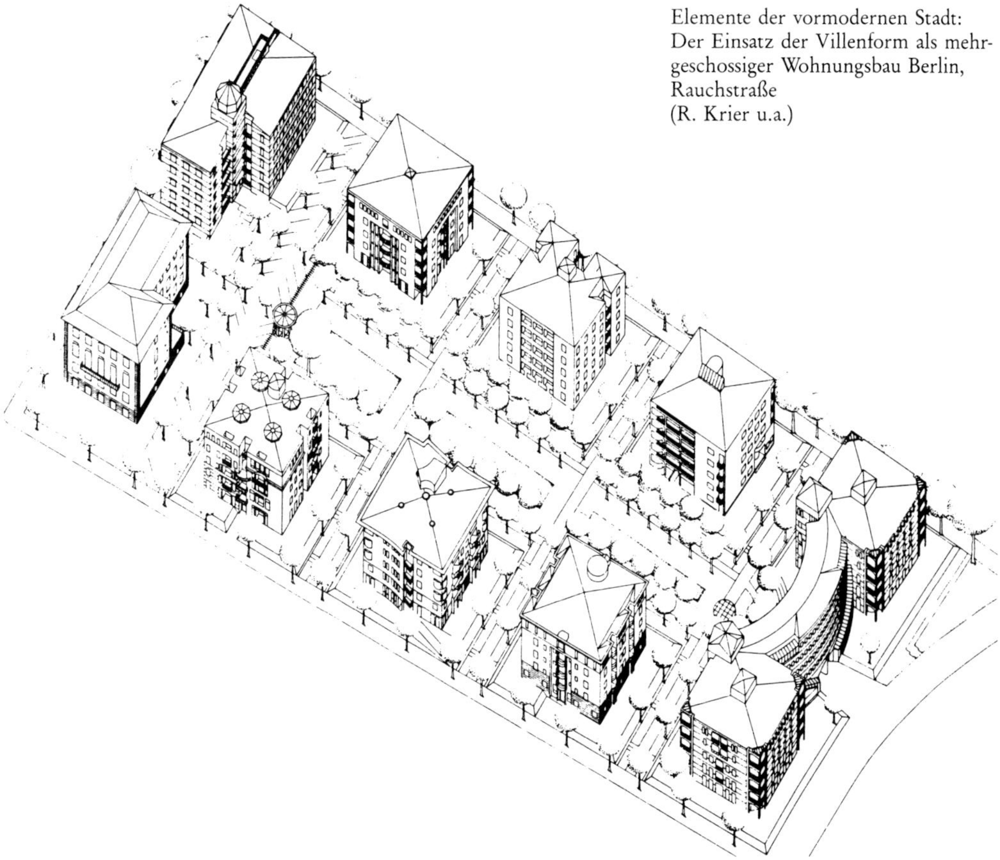

Elemente der vormodernen Stadt: Der Einsatz der Villenform als mehrgeschossiger Wohnungsbau Berlin, Rauchstraße (R. Krier u.a.)

eine neue Vorstellung von Stadt heraus. Ein größerer Kontrast zu den technisch perfekten Formen der Neubaugebiete mit ihren glatten Fassaden, mit ihren funktionstüchtigen Verkehrsstraßen und Einkaufszentren war kaum zu denken. Hier, im alten Kreuzberger Arbeiterviertel, überall Hinweise auf eine noch lebendige und teilweise schmerzhaft sichtbare Geschichte, dort, im Märkischen Viertel etwa, eine geschichtslose Stadt aus der Retorte. Der Anknüpfungspunkt an das Gewesene und damit auch die Erschließung von Unterbewußtem und zeichenhaft Irrationalem für ein neues Stadtbild konnte eigentlich nur in dieser Umgebung geschehen. Der „Genius loci" regte sowohl zur Erhaltung und Wiederherstellung des Alten als auch zur Ergänzung und Uminterpretation durch Neues an. Die alte „vormoderne" Stadt hatte die neue „postmoderne" inkorporiert.

. . . und die Wiederentdeckung des Stadthauses . . .

. . . z.B. Saalgasse in Frankfurt am Main (vorige Seite Heinrici-Geiger, Fischer-Glaser, Jourdan-Müller u.a.)
(Oben: A. Natalini)
Unten: Ch. Moore) nach 1980

Unter dem neuen Leitbild der „vormodernen" Stadt blühten natürlich auch einige der alten Hausformen aus der Zeit vor dem Ersten Weltkrieg wieder auf: Das Stadthaus, ein schmales, aber vielgeschossiges Reihenhaus am Straßenraum aufgereiht, und die Stadtvilla, ein auch 3- bis 4-geschossiges freistehendes Haus für eine oder mehrere Mietparteien, das schon einmal in Kleinstausgabe als die berüchtigten „Kaffeemühlen" unsere Vorstädte überschwemmt hatte.

Schließlich kamen sogar in innerstädtischen Neubauvorhaben die Passagen wieder, die ja für Walter Benjamin geradezu das Symbol der Geisteswelt des ausgehenden letzten Jahrhunderts waren. Trotzdem sind dies alles nur Ansätze für neue Stadtbauformen, die ihre wirkliche Ausformung erst im nächsten Jahrzehnt erfahren werden.

Denkmalschutz und Stadtverschönerung

Spätestens seit Mitte der 70er Jahre konnte der Denkmalschutz einer großen Welle von Zustimmung sicher sein. Zuviel war an alter Bausubstanz noch nach dem Kriege zugrunde gegangen, zu oft hatte sie den Vorstellungen von einer neuen technischen Welt weichen müssen. Dies war eine geschichtslose Welt gewesen, weil sie aus der Überzeugung der Einmaligkeit der geschichtlichen Situationen den Blick nur auf die künftigen Probleme und ihre Lösung mit technischen Mitteln gerichtet hatte. Die Problemsicht war zu eng gewesen. Zeitlich und regional stellten sich die Fragen doch wesentlich differenzierter als daß sie mit einer einzigen Antwort abzutun gewesen wären.

Eine ähnliche Entwicklung wie die Denkmalpflege nahm die allgemeine als „Stadtgestaltung" deklarierte „Verschönerung" der Stadt. Nachdem schon in den 50er Jahren mit den Anlagen der ersten Fußgängerzonen als vernünftige Ruhe- und Einkaufszonen im Verkehrsgetriebe der Großstadt begonnen worden war, erlebte die Umgestaltung städtischer Straßenräume Ende der 60er/Anfang der 70er Jahre eine wahre Hochkunjunktur.

Das ganze sieht im nachhinein nach schlechtem Gewissen der Planer gegenüber den Fehlern der 50er

Die Renaissance der Passagen: Kaiserpassage in Bonn (D. Klose)

und 60er Jahre aus. Was damals oft übereilt an öffentlicher Fläche dem Autoverkehr geopfert wurde, wird nun für den Fußgänger „zurückerobert".

Viele Städte haben diese Maßnahmen auch als notwendig angesehen, um einen „Identifikationsraum" für die Bürger anzubieten und so etwas gegen die leidige „Stadtflucht" ihrer Bewohner zu tun. Letztlich standen die Städte ja auch im gegenseitigen Konkurrenzkampf um neue Arbeitsplätze, die meist nur mit der Anwerbung neuer qualifizierter Arbeitskräfte zu erreichen waren. Schon dafür aber mußten Ruf und Ansehen der Stadt aufgebessert werden. Die Gestaltung der Innenstadt ist dabei ein wichtiger Teilaspekt einer solchen Strategie.[27]

Glücklicherweise kam nun auch die Formqualität von Verkehrsstraßen wieder in das Blickfeld der Planer und der Öffentlichkeit.[28] Wo irgendmöglich, wurde über Mittel zur Verkehrsberuhigung von Wohnstraßen nachgedacht und versucht, die Durchfahrtsmenge und die Geschwindigkeit der Kraftfahrzeuge zu drosseln. Das gelang meist nur über für eine Straße ziemlich widernatürliche Manipulationen: Einbau von künstlichen Ver-

27) Durth, W. Die Inszenierung der Alltagswelt
Braunschweig 1977

28) Ausführlich in Apel, D.
Kraftverkehr und Umweltqualität von Stadtstraßen
Stuttgart/ Berlin/ Köln/ Mainz
1973

sätzen. Dazu verhinderte ein labyrinthartiges System von Einbahnstraßen und Sackgassen jede Orientierungsmöglichkeit für den Ortsunkundigen.

Oft wurde auch bei der Stadtgestaltung die im Ansatz gute Idee übertrieben. Fußgängerzonen wurden mit sinnloser, weil nie gebrauchter Möblierung vollgestellt, bis sie wie die Kopie einer Nippesvitrine aussahen. Oder die verkehrsberuhigten Zonen zogen den Zorn ihrer Bewohner auf sich, weil vor lauter eingebauten Verkehrsberuhigungsmaßnahmen kein Platz mehr blieb, das eigene Auto dort zu parken.

Stadtflucht

Die sogenannte Stadtflucht erreicht Anfang dieses Jahrzehnts ihren Höhepunkt. Schon seit Mitte der 60er Jahre nehmen die Städte deutlich an Bevölkerung ab. Das ist nur teilweise auf den Rückgang der Geburtenrate zurückzuführen. Stärker wirken die sogenannten Wanderungsverluste. Sie nehmen zu, trotz aller Bemühungen, die Stadt wieder wohnlicher und auch emotional akzeptabler zu machen. Das wachsende Einkommen macht es für viele Familien möglich, sich neue Wohnungen oder unter finanziellen Opfern auch Einfamilienhäuser außerhalb der Stadtgrenze im Umland zu suchen. Grundstücke für Einfamilienhäuser können im Stadtgebiet nicht mehr geboten werden.[29]

Diese Entwicklung beunruhigte die Stadtverwaltungen zutiefst. Besonders da seit der Finanzreform[30] auch die *einwohner*bezogenen Steuern wieder wichtig geworden waren. Aber erst recht der Verlust an Gewerbesteuer mußte für die großen Gemeinden mit ihren inzwischen enorm angestiegenen laufenden Verpflichtungen gerade zum Desaster werden. So brach zwischen den Städten ein mit allen Mitteln geführter Konkurrenzkampf um die Neuansiedlung und Erhaltung von Betrieben aus. Mit der Subvention von Gewerbegrundstücken, offenen und verdeckten Steuernachlässen und neuerdings auch mit Imagepflege und allen professionellen Mitteln der Public Relations wurde geworben. Trotz bescheidener Erfolge auf diesem Gebiet — das große Ansiedlungspotential der 50er und 60er Jahre gab es nicht mehr — sanken die Einwohner- und meist auch die Arbeitsplatzzahlen der Städte bis weit in die 80er Jahre hinein weiter.

29) Bevölkerungs- und Wohnungsstrukturuntersuchung im Raum Frankfurt a.M. Magistrat 1977

30) Gesetz zur Neuordnung der Gemeindefinanzen vom 8.9.1969

Die beiden großen Planungsmythen der 70er Jahre
— die Mitsprache der Bevölkerung und
— die Umweltplanung
haben auch die Planungen der folgenden Zeit nachhaltig beeinflußt und üben ihre Wirkung bis heute aus.

Eine politisch aufgeklärte Bevölkerung spricht bei allen großen Planungen — gefragt oder ungefragt — mit. Die politische Mündigkeit der Bürger hat sich gerade bei der Einflußnahme auf die Planung entwickelt.

Mühsame Planung bei schwindendem Konsens

Nun wird dabei aber auch deutlich, daß der große gesellschaftliche Grundkonsens in der Beurteilung von Wirtschaftswachstum und technischem Fortschritt, der noch bis Ende der 60er Jahre vorhanden war, nicht mehr so eindeutig besteht. Nun treten Schutz der Umwelt, Erhaltung des Bestehenden auf der einen Seite in scharfe Konkurrenz zur Förderung der Wirtschaft und der angeblichen oder wirklichen Erhaltung der Arbeitsplätze.

Jede der beiden Seiten meint dabei ihre guten Gründe zu haben, die nun fast bei jeder Planung wieder neu ausdiskutiert werden. Das macht heute eine Kompromißfindung für einen Beschluß fast immer zu einem langwierigen und schwierigen Prozeß und läßt den Hauptteil der Planung auf der politischen Bühne ablaufen. Hier stehen oft politisch-ideologische Beweisführungen mehr im Vordergrund, als daß Sachargumente wirklich gewertet werden.

Umweltplanung

Bei der Umweltplanung setzt sich langsam die Erkenntnis durch, daß die Abwehr der unmittelbaren physischen Bedrohung der Stadt durch ständig wachsende Emissionen der Industrie, des Verkehrs, ja durch die Bewohnerschaft selbst zur wichtigsten Aufgabe der Stadtentwicklung wird.

Die Phänomene der Bedrohung unserer Umwelt sind erschreckend genug: die allgemeine Klimaverschlechterung, die augenscheinliche Irreversibilität von Prozessen, wie sie im „Waldsterben" oder der Langzeitwirkung des Ozonloches zum Ausdruck kommt. Das eigentlich Furchterregende ist dabei nicht einmal die Bedrohung selbst, sondern vielmehr das offensichtliche Unvermögen, die Komplexität der Auswirkungen unserer Eingriffe in die Natur rechtzeitig und exakt genug vorauszusehen und die Unfähigkeit, für die notwendigen Maßnahmen den erforderlichen Konsens rasch genug zu schaffen. Es ist seit langem klar, daß die Arbeiten zur Regeneration einzelner Subsysteme, wie Luft, Wasser, Klima und Boden, möglicherweise nicht mehr ausreichen, weil das ökologische Gesamtsystem schon zu stark geschädigt ist.

Auf Dauer werden hier alle umlernen müssen. Es steht nur zu befürchten, daß es ein langer und sehr schmerzhafter Lernprozeß werden wird, der möglicherweise nur durch die Erfahrung von schweren Schadensfällen vorankommen wird.

Meine 70er Jahre in Frankfurt und Hannover

Korreferat von Hanns Adrian, Hannover

„Meine 70er Jahre"

1. Ich war bis 1972 in Hannover, Stadtplanungsamt, Leiter einer kleinen Gruppe von Planern, die die Aufgabe hatte, Ideen zu liefern, die der Euphorie der 60er Jahre entsprachen. Ich habe damals an dem berühmt gewordenen Jusopapier mitgearbeitet.

Ich war von 1972 bis 1975 Stadtrat für Planung und Bau in Frankfurt. Ich war dort hingegangen, weil ich glaubte, Spielraum für große Konzepte zu finden. Stattdessen hatte ich die Rolle eines Rückzugsgenerals zu übernehmen.

In dieser Zeit bin ich ein Stück gemeinsamen Weges mit Müller-Raemisch gegangen. Er war und ist ein außerordentlich kompetenter, beschlagener und absolut integerer Kollege. 1975 wurde ich Stadtbaurat in Hannover in der Nachfolge von Rudolf Hillebrecht. Aufgabe war und ist es, das Werk Hillebrechts in Kontinuität fortzusetzen.

Frankfurt

1. Die Situation

1972 war Frankfurt durch eine ausufernde Entwicklung geprägt. Die Planungen aus den 60er Jahren, jahrelang kommentarlos in der Hauptsache aufgestellt, waren unter den Protesten der Bürger zusammengebrochen. Es kursierte das Wort von der Unregierbarkeit der Städte.

Man hatte, angesichts der stürmischen Entwicklung, die Rechtskraft von Plänen nicht abwarten wollen und agierte weitgehend mit Befreiungen von älteren Plänen. Einen Flächennutzungsplan, einigermaßen auf dem neuesten Stand, gab es nicht. Bebauungspläne wurden ohne konzeptionellen Inhalt im Format der Kartenblätter hergestellt. Die Baugenehmigungen wurden in einer sehr speziellen Auslegung des Baugenehmigungsrechts erteilt.

Um die ausufernde Entwicklung aufzufangen, war für das Westend ein Strukturplan aufgestellt worden und eine Veränderungssperre beschlossen. Man mußte daher für jedes Baugesuch eine Ausnahmegenehmigung von dieser Veränderungssperre beschließen. Die Bebauungspläne, soweit überhaupt vorhanden, zeigten geringe Ausnutzungen und Gebäudehöhen. Es wurde Befreiung gemäß den sogenannten „Richtlinien der Befreiung" erteilt und oft darüber hinaus. Der § 34 BBauG (Zulässigkeit innerhalb bebaubarer Ortsteile) wurde bis zum Zerreißen gedehnt.

Dieses Verfahren, das der Verwaltung und dem Ausschuß des Parlaments einen überaus breiten Ermessensspielraum beließ, nährte natürlich den Vorwurf der Korruption. Alle Entscheidungen zu baulichen Entwicklungen waren intransparent. Der Politik gefiel das „unbürokratische Verfahren" nicht schlecht.

Die Proteste der Bürger brandeten über und fanden breite Unterstützung. Mitglieder des Magistrats gingen auf die Straße, um gegen Entscheidungen zu demonstrieren, die sie selbst im Magistrat getroffen hatten. Vielleicht hatten sie sie in ihrer vollen Tragweite noch nicht erkannt. Aus Besetzungen von Häusern entwickelte sich der sogenannte Häuserkampf.

2. *Wurzeln*

Die Entwicklung hatte viele Wurzeln. Man hatte entsprechend Fourastier ein gewaltiges Wachstum des tertiären Sektors prognostiziert. In einem Gutachten von Stöber war das Westend als besonders geeignet für die Aufnahme einer solchen Entwicklung angesehen worden.

Die Euphorie der 60er Jahre glaubte daran, daß jede Entwicklung gut sei.

Die Hierarchie der Pläne, die vom Regionalen Raumordnungsprogramm über den Flächennutzungsplan bis zum Bebauungsplan reicht, läßt eine Revision von unten nach oben bis heute kaum zu. Als die Entwicklung nicht mehr akzeptiert wurde, konnte man sich auf eine solche Hierarchie der Pläne als Hindernis der Entwicklung berufen. Die Revision erfolgte gewaltsam durch nachträgliche Änderungen gemäß der gebauten Wirklichkeit.

Man verfolgte mit einiger Großspurigkeit irrationale Ziele:
— Urbanität durch Dichte
— Stadtplanung ist Gesellschaftspolitik. (Wenn dies stimmen würde, könnte man die Gesellschaft durch Planung verändern.)
— Frankfurt schwärmte davon, Metropole zu werden.

Es hatte sich ein „Frankfurter Landrecht" entwickelt, in dem man auf legale Instrumente verzichtete, um die mit der Höherzonung durch Bebauungspläne verbundene Bereicherung der derzeitigen Eigentümer, die in der Regel gar nicht investieren wollten, zu unterbinden. Diese Grundidee, die dem Planungssystem widerspricht, mußte ins Desaster führen.

Man befaßte sich mit großen Fernzielen und verlor dabei den Blick für örtliche Probleme. Während die Politik davon schwärmte, Frankfurt zu einer europäischen Metropole zu machen, sorgten sich die Menschen um ihre angestammte Umgebung, mit der sie gefühlsmäßig verbunden waren.

3. Ziele

Meine erste Aufgabe war es, die weitgespannten Ziele zurückzunehmen, mindestens solange bis eine Steuerbarkeit der Entwicklung wieder hergestellt war. Ganz gegen mein damaliges Naturell mußten wir uns mit den kleinen, den örtlichen Problemen und Lösungen befassen. Wichtig wurde der Satz: „Der Weg ist die Lösung".

Um das Planungsverfahren wieder transparent zu machen, mußten ordentliche Abläufe eingehalten werden, auch um Planungsentscheidungen rational treffen zu können. Den Entscheidern mußten Alternativen geboten werden, die Komplexität der Sache mußte vermittelt werden. Planung mußte anschaulich werden. Alle mußten wieder begreifen, daß Planung Entscheidung auf Vorrat bedeutet.

— Rechtmäßigkeit, Berechenbarkeit und Gelassenheit im Vollzug von Planung mußten wieder hergestellt werden.

— In einer Art von Rebürokratisierung mußten wir zur Benutzung der legalen Instrumente der Planung, Bebauungsplan, Flächennutzungsplan zurückkehren.

— Die Öffentlichkeit der Diskussion mußte wieder hergestellt werden, um dem Vorwurf der Korruption entgegenzutreten und Planungen zu stabilisieren.

Außer dem Strukturplan, der für das Westend aufgestellt worden war, erarbeiteten wir nun Stadtteilentwicklungspläne, die in Varianten vorgelegt wurden und ausgiebig öffentlich diskutiert wurden. Die Volkshochschule übernahm es in monatelangen Diskussionen, Bürger an die Probleme heranzuführen und Empfehlungen aus Bürgergruppen zu erarbeiten. Diese Bürgerempfehlungen entwickelten sich zu einem probaten Mittel, Magistrat und Stadtverordnetenversammlung auf neue Planungslinien einzuschwören. Mir wurde damals der Vorwurf gemacht, Bürgerinitiativen gegen die eigene Planung zu gründen.

Im Frühjahr 1975 bin ich nach Hannover gegangen. Der letzte Anstoß lag darin, daß ein Schwimmbad neu gebaut werden sollte und ich meinte, daß mit einem Wettbewerb und einer ordentlichen Planung eine gute Architektur erreicht werden sollte. Die Mehrheit in der Stadtverordnetenversammlung teilte diese Meinung nicht. Der Oberbürgermeister setzte durch, daß das neue Bad an einen Generalübernehmer mit eigenem Architekten vergeben wurde. Weil ich dies nicht akzeptiert hatte, wurde das Hochbauamt aus meinem Dezernat ausgegliedert. Dieser Vorwand war nicht die Ursache meines Abgangs, sondern der Auslöser.

Hannover

Als ich in Hannover gewählt war, riet mir der Kollege Kuhlenkampf, alles so weiter zu machen wie Rudolf Hillebrecht, dies sei allemal besser, als immerzu etwas Neues anzufangen.

In Hannover war die Planung nicht zusammengebrochen, sondern genoß durchaus noch großes Vertrauen, obgleich es auch hier schwere Einbrüche gegeben hatte, im wesentlichen deswegen, weil man große Entwicklungsvorhaben an private Träger gegeben hatte. In einem Falle wurde der Hauptverantwortliche wenige Wochen nach meinem Amtsantritt verhaftet und verurteilt, in einem anderen Falle folgte die Pleite des Unternehmers etwa ein halbes Jahr später. Ein drittes Vorhaben hat durchgehalten bis vor einem Jahr. Dann machte auch dieses Trägerunternehmen Pleite. Man hatte sich von den privaten Entwicklungsträgern versprochen, daß sie ähnlich wie im englischsprachigen Ausland, große Wachstumsimpulse auslösen könnten, zumal sie befreit waren von „bürokratischen“ Ketten.

Hillebrecht hatte in der Phase des Wiederaufbaus ein neues Straßennetz für Hannover durchgesetzt und die Zeit genutzt, es weitestgehend auch zu bauen. Ich habe in Hannover keine Notwendigkeit mehr gesehen, mich um den Straßenbau sonderlich zu kümmern. Hierdurch hatte ich in all den Jahren eine Menge Kraft und Zeit für andere Themen.

Planerische „Zeitfenster“

Durch die wechselnden Moden und Mythen entstehen für bestimmte Planungsthemen Zeitfenster. Wenn man sie nutzt, kann man mit großer Akzeptanz Planungen durchsetzen. Verpaßt man sie, so hat man keine Chance damit. Beispiele: Hillebrecht hat in den 50er Jahren die Möglichkeiten genutzt, Verkehrsplanung zu machen und Straßen zu bauen. Würde man dies heute tun wollen, so wäre das Scheitern programmiert. Heute ist es besser sich mit Feuchtbiotopen zu befassen.

Von der Mitte der 70er Jahre an wuchs das Interesse fast aller Leute an ökologischen Problemen. Wir konnten dies in Hannover dadurch nutzen, daß in den sehr breiten und lang sich hinstreckenden Leineauen naturnahe Flächen wieder hergestellt und für die Menschen erschlossen wurden. Diese von Kiesseen durchzogenen Auenlandschaften gehören heute zum attraktivsten, was Hannover zu bieten hat. Derzeit läuft ein relativ umfangreiches Programm zur Wiederbewaldung eines langgestreckten Höhenrückens des Kronsberges.

Die Sanierung des ehemaligen Arbeiterstadtteils Linden hat eine relativ lange Geschichte. Ende der 50er Jahre wurde Göderitz beauftragt, eine Sanierungsplanung zu erstellen als ein Pilotprojekt. Sie war ganz und gar der Licht-, Luft- und Lokusideologie dieser Zeit verpflichtet. Ende der 60er Jahre, als man Angst hatte, daß durch den Wegzug von immer mehr Menschen die Infrastruktur nicht mehr genutzt werden könnte, wurden Pläne erarbeitet, die von einer sehr hohen Verdichtung ausgingen, um die gleiche Zahl von Menschen bei gehobenen Wohnstandards im Stadtteil halten zu können: Urbanität durch Dichte. Anfang der 70er Jahre wurde nach Protest der Bürger diese Planung überarbeitet. Die Bereiche, in denen abgebrochen und neu gebaut werden sollte, wurden drastisch reduziert. Als ich 1975 mein Amt antrat, war ein Konsens über die Ziele der Sanierungsplanung zunächst nicht zu erzielen. Wir mußten damals lernen, daß es nicht möglich ist, Planungsziele komplett zu beschreiben und dann über Jahre zu verfolgen. Bürger können Planungen nur in einem langsamen Diskussionsprozeß erarbeiten. In der Auseinandersetzung mit den Bewohnern wurde nach und nach eine Planungsrichtung konkret. Gefühlswerte, die Liebe zu den angeeigneten Orten, der eigene Baustil des Stadtteils, Maßnahmen zur Verkehrsberuhigung, Maßnahmen, um das soziale Geflecht zu erhalten, wurden immer wichtiger.

Das Ergebnis der Sanierung in Linden ist ein Ergebnis der Bürgerdiskussion, die typisch ist für den Wandel der Vorstellungen von Stadt, der sich in der zweiten Hälfte der 70er Jahre vollzogen hat: Herausarbeiten der spezifischen Qualität der Stadtteile, stadtteiltypische Architektur, Bemühung um Identifikation durch die Bürger dadurch, daß sie sich mit der Planung befassen. Aus diesem Wandel der Vorstellung hat sich das, wie ich meine, heute gültige Leitbild der Patchwork-City entwickelt, einer Stadt, die aus verschiedenen Teilen mit verschiedener Qualität und Charakteristik besteht und die den Ehrgeiz aufgegeben hat, alles unter eine städtebauliche Vorstellung zu bringen.

Thesen

Hans-Reiner Müller-Raemisch hat das Wort Mythen eingeführt für ein Phänomen, das man ebenso gut als Entwicklungslinien wie als Moden beschreiben kann. Ich verwende das Wort Mythen nicht besonders gerne, weil es die Assoziation an etwas Transzendentes, Mythisches, nicht Rationales vermittelt. Ich glaube, daß man dem Phänomen nicht gerecht wird, wenn man seinen Ursprung im Emotionalen alleine vermutet.

1. Alle Entwicklungslinien sind immer da. Lucius Burkhard hat dies mit einer Wurst verglichen, in die Stränge verschiedenen Fleisches eingelegt sind. Wenn man die Wurst durchschneidet, so sind alle Sorten sichtbar, jedoch in verschiedener Menge und mit verschiedener Dominanz.

Planung muß sich der Anwesenheit der verschiedensten Mythen oder Entwicklungslinien stets bewußt sein. Sie muß scheitern, wenn sie sich einem Mythos völlig hingibt.

Planung kann aber den Wechsel der Mythen nutzen. Durch die allgemeine Begeisterung für ein bestimmtes Thema öffnet sich für die Planung ein Zeitfenster zur Verwirklichung bestimmter Planungsabsichten. Sie kann diese Zeitfenster nutzen, wenn sie in der Lage ist, das jeweils durchsetzbare Thema innerhalb eines umfassenden Konzeptes zu sehen. Sie kann dann eine Konzeption dadurch verwirklichen, daß sie zeitlich versetzt Mosaikstein an Mosaikstein setzt. Wer derzeit eine große Straße durch eine Innenstadt bauen will, wird scheitern. Wer aber die Möglichkeiten nutzt, naturnahe Bereiche in Stadtnähe anzulegen und damit ein Grünkonzept zu komplettieren, der wird Erfolg haben.

Für einen Planer ist es eine lebenswichtige Eigenschaft, daß er frühzeitig neuaufkommende Richtungen erspürt und daß er geistesgegenwärtig genug ist, um sie zu nutzen.

2. Das Wechseln der Moden, Mythen und Anliegen ist ein fruchtbares, geistiges Abenteuer. Ich halte das Jammern über die ständig wechselnden Moden für nicht sehr viel mehr als Veteranengeplapper.

Die Moden werden gefördert durch „Politikdarwinismus“. Ein junger Politiker, auch ein junger Journalist wird nur dann Erfolg haben, wenn er das Wollen und das Werk der Vorgänger in Frage stellt. Dieser Effekt verstärkt Moden.

Die Planung muß Kontinuität dadurch herstellen, daß sie darauf verzichtet, die Zukunft in allen Details regeln zu wollen. Sie muß der Entwicklung breite Korridore offen halten.

3. Mythen entstehen oft aus monokausaler Betrachtung und Erklärung von Phänomenen. Sie tragen deshalb das Schicksal ihres eigenen Scheiterns schon in sich. Wer glaubt, daß Umweltprobleme durch Begrünung von Wänden, Dächern, Straßen und Landschaft jeder Art zu bewältigen wären, der wird damit ebenso scheitern, wie jene gescheitert sind, die glaubten, Urbanität sei eine Funktion baulicher Dichte.

4. Mythen werden instrumentalisiert und mißbraucht. Die meisten neuen Leitbilder und Mythen haben ihren Ursprung im idealistischen Bereich. Es gibt jedoch immer jemanden, der die Mythen für materiellen Gewinn zu nutzen in der Lage ist.

Diejenigen, die in Frankfurt Hochhäuser entsprechend dem Fingerplan zugelassen haben, dachten nicht an Spekulation, sondern an Urbanität und an die bessere Nutzung der geplanten U-Bahn.

Diejenigen, die den sozialen Wohnungsbau erfunden und gefördert haben, dachten an die Behebung der Wohnungsnot und nicht an die Bedürfnisse des Herrn Vietor.

5. Neben den großen Mythen gibt es die kleinen: Die Mythchen. Sie sind anschaulich, politisch zu beherrschen und leicht zu kapieren, z.B. für Journalisten. Sie sind kräftig genug, um sie Planern um die Ohren schlagen zu können, aber zu schwach, um anders zu überleben als die üblichen Planungsfehler.

In letzter Zeit kamen die Townhouses (flächen- und kostensparendes Bauen) als Synonyme für Treppenhäuser mit vergrößerten Podesten über uns oder die flächenhafte Verkehrsberuhigung durch städtebauliche Gartenzwerge.

6. Mythen dienen dem Verdrängen anderer Gesichtspunkte. Sie sind in der Lage, differenzierte und komplexe Betrachtung zu blockieren.

So hat das Aufkommen der „integrierten Gesamtentwicklungsplanung“ mit ihrer vorgeblichen Wissenschaft die normale Planung als Auffangplanung diffamiert und nicht selten zerstört.

Als die großen Ansätze scheiterten, war es schwierig, die bescheidenen wieder aufzubauen. Es war gar nicht leicht, Anfang der 70er Jahre die Leute davon zu überzeugen, daß man sowas Altmodisches, wie Bebauungspläne für das Westend aufstellen müsse.

7. Mythen leben in Regelungen und Normen weiter. In bestem Glauben wurden Vorschriften und Regeln im Sinne aktueller Meinungen geschaffen. Sie leben fort, wenn die Stimmung, aus der heraus sie entstanden sind, längst untergegangen sind. Die Bauordnungen basieren z.B. auf einer Vorstellung von gesundem Wohnen in den Verhältnissen der Vorkriegszeit.

Wer sechs Wochen Urlaub hat, ein Wochenendhaus, enorm viel freie Zeit in der Woche, ist viel weniger auf die Durchsanierung seiner Wohnung angewiesen als jemand, der 50 Stunden in der Woche arbeitet mit wenigen Tagen Urlaub und einer sehr kleinen Wohnung.

Venedig ist nach unseren Bauordnungen absolut unzulässig. Dagegen ist Wolfsburg perfekt. Dennoch gibt es Leute, die Venedig lieber mögen.

Die Postmoderne — Rückgewinnung der Geschichte oder Verlust der Wirklichkeit?

Die Postmoderne

Rückgewinnung der Geschichte oder Verlust der Wirklichkeit?

Die 80er Jahre

Von H.-R. Müller-Raemisch

Der neue Mythos

Schon Mitte der 70er Jahre wuchs ein neuer städtebaulicher Mythos heran, der die ganzen 80er Jahre dominieren sollte: die Postmoderne. Es waren im Städtebau zwei sehr verschiedene Wurzeln, aus denen er hervorging: die Protestbewegung der frühen 70er Jahre auf der einen und eine Handvoll Architekturtheoretiker in Italien, Deutschland und den USA auf der anderen Seite.

Zwar besteht zwischen der Hausbesetzerszene und den Verfassern und Vollstreckern der postmodernen Architekturtheorien wirklich keine direkte Verbindung (außer vielleicht einem kräftigen Unbehagen an den bestehenden Verhältnissen). Aber es waren diese beiden Bewegungen, die dem neuen Mythos zur Geburt verhalfen. Und erst später schlossen sich auch noch andere Kräfte dem neuen Mythos an.

Jürgen Habermas[1] beschreibt die Situation so:
„In einen affektiv aufgeladenen, geradezu politischen Schlachtruf verwandelt sich der Postmodernismus erst, seitdem sich in den siebziger Jahren zwei konträre Lager dieses Ausdrucks bemächtigt haben: auf der einen Seite die *Neu-Konservativen,* die sich der vermeintlich subversiven Gehalte einer „feindseligen" Kultur zugunsten wiedererweckter Traditionen entledigen möchten; auf der anderen Seite die radikalen Wachstumskritiker, für die das neue Bauen zum Symbol einer durch Modernisierung angerichteten Zerstörung geworden ist." Sicherlich zu Recht trägt Habermas' Buch den Titel: „Die neue Unübersichtlichkeit".

1) Habermas, J. Moderne und postmoderne Architektur in Die neue Unübersichtlichkeit Frankfurt a.M. 1985

Waren es in den frühen siebziger Jahren vorwiegend Fragen der Gesellschaftspolitik und der Wissenschaften, die ihren Einfluß auf den Städtebau ausübten, so sind es jetzt in den achtziger Jahren weitgehend Fragen der Ästhetik und der Architekturtheorien, die die Diskussion bestimmen. Jetzt erscheint es wieder wichtig, architektonische „Merkzeichen" und markante Formen in den Stadtorganismus einzufügen und der Stadt so ihre Identität zu sichern. Dazu dienen nun auch historische oder notfalls auch pseudohistorische Bezüge, selbst wenn diese erst mühsam fingiert werden müssen.

Die Diskussion der ästhetischen und Identifikationsfragen überdeckt aber auch einen Teil ungelöster gesellschaftlicher Probleme.[2] Zwischen den Städten wächst der Konkurrenzkampf besonders um die Erhaltung und Neuschaffung von Arbeitsplätzen. Die anhaltende Arbeitslosigkeit bleibt für einen Teil der Gesellschaft eine existenzielle Frage. Zeichen des neuen die Wirtschaft bestimmenden Strukturwandels sind die „brachfallenden" Industrie- und Gewerbeflächen, für deren Wiederverwendung und Wiedereingliederung in die Stadtstruktur jeweils spezielle Konzepte erdacht und durchgeführt werden müssen. Die wachsende Bedrohung der Umwelt wird nun für alle sichtbar. So werden nun Konzepte für den Umweltschutz und die Sicherung der Arbeitsplätze für die Bevölkerung die wichtigsten essentiellen Aufgaben für die Kommunen.

2) Hierzu s.a. Durth, W. Die Inszenierung der Alltagswelt, zur Kritik der Stadtgestaltung Braunschweig 1977

Die neuen Leitbilder

Parallel zur gesellschaftlichen Entwicklung[3] verschieben sich um 1980 auch die Leitbilder im Städtebau. Ein weitgehender Rückzug ins Private im gesellschaftlichen Bereich findet seine Entsprechung in einer Konzentration auf die architektonisch-ästhetische Seite des Städtebaues. Die neuen komplexen und z.T. recht subtilen Architektur- und Städtebautheorien sehen die Stadt nun wieder als ein primär architektonisches Produkt.[4] Dabei wird Architektur als ein dialektischer Prozeß aufgefaßt, der zwischen den vorgefundenen Möglichkeiten und

3) z.B. Spiegel, E. Wertewandel in Der Architekt 7/8 1986

4) Für die verwirrende Vielfalt der postmodernen „Stil"-richtungen s.a. Jencks, Ch.
Die Sprache der postmodernen Architektur
Stuttgart 1978
und
Klotz, H. Moderne und Postmoderne
Braunschweig u. Wiesbaden 1985

dem Idealbild der Bauaufgabe ein unverwechselbares Neues schaffen soll.[5] Gerade die so unvollkommene Umgebung mit ihren Brüchen und Lücken, die die bisherige Entwicklung hinterlassen hat, wird als Herausforderung gesehen, für jede Bauaufgabe eine neue und einmalige Lösung zu finden.

Nicht mehr die internationale Einheitlichkeit, wie sie die „Moderne" erreichen wollte, ist das Ziel dieser neuen Architektursprache, sondern die Vielfalt, Vielschichtigkeit, ja die Widersprüchlichkeit der Architektur und damit auch des Städtebaus sind jetzt die neuen Leitbilder.

5) so z.B. bei Ungers, O.M.
Die Thematisierung der Architektur
Stuttgart 1983

Einflüsse der Literatur

Die neue Richtung der Architektur und des Städtebaus entsteht auch unter dem Eindruck der zeitgenössischen Literatur und der Philosophie. Zumindest die Elemente des ironischen Zitats und des Strukturalismus in der Architektur finden dort ihre Entsprechung. So wird das ironische Zitieren im literarischen Text als Ersatz für die „verbrauchten" Ausdrucksmittel eingeführt. Nachzulesen ist die etwas komplizierte Beweisführung z.B. in der Nachschrift zu „Name der Rose" von Umberto Eco.[6] Hier wird die Ironie als Möglichkeit „verbrauchter" Ausdrucksformen durch neuerliches „Zitieren" als Mittel der modernen Kunst eingeführt. Schon dieser Bezug zwischen Literatur und Architektur macht deutlich, wie esoterisch eine solche Architektursprache sein muß und welch ein hoher Grad an spezieller Vorbildung zu ihrem Verständnis nötig ist. Hier wird eben „Ironie" als Möglichkeit gesehen, die in der Kunst und Literatur durch längere Benutzung in ihrer Wirkung „verbrauchten" Ausdrucksformen unter Eingeweihten durch ironisches Zitieren doch wieder einzuführen. Ihre Wiederverwendung erfolgt sozusagen unter Anführungszeichen. Und die Eingeweihten wissen dann, hier zitiert der Architekt ein Architrav von Palladio und dort ein Gesims von Albert Speer, ein recht esoterisches Vergnügen für die wenigen in die Baugeschichte eingeweihten Kenner.

6)Näheres hierzu z.B. in Eco, U.
Nachschrift zu „Name der Rose"
Frankfurt a.M. 1984

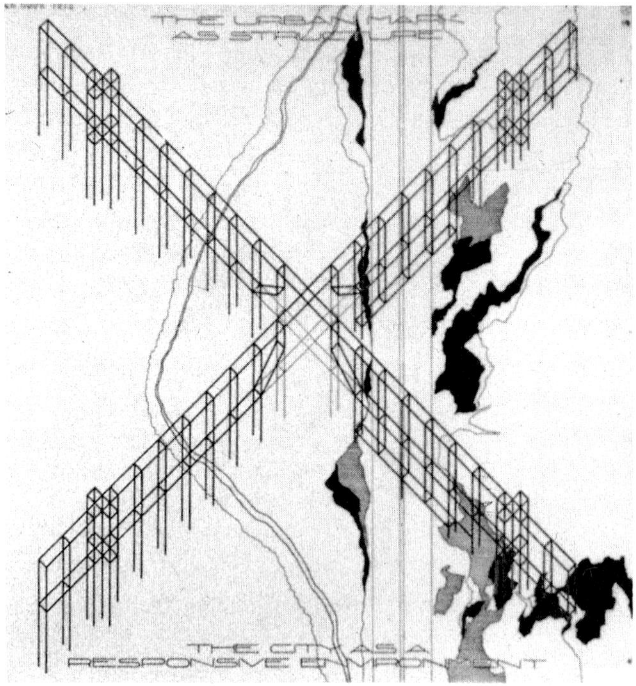

Wege zur Postmodernen Stadt I: Aufbau und Auflösung der geplanten Form oder die Stadt als selbst reagierende Umwelt.

THE URBAN MARK AS STRUCTURE
The urban mark — metaphorische Studien (P. Cook, 1972)

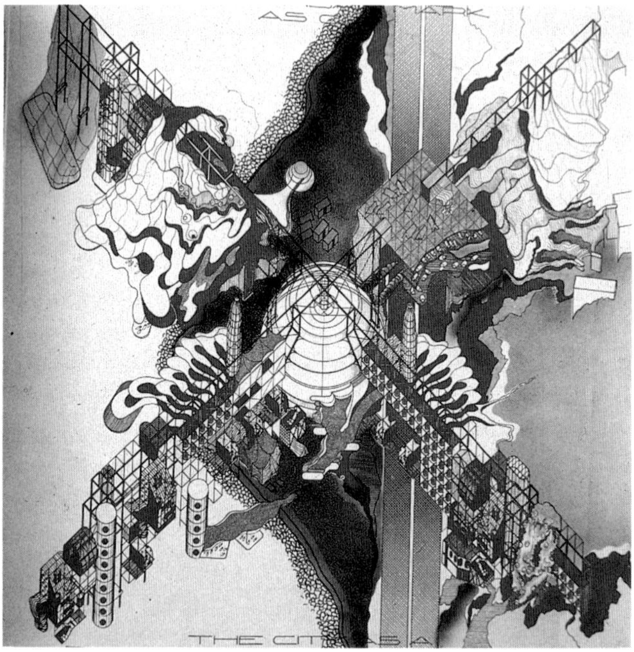

THE URBAN MARK AS CITY

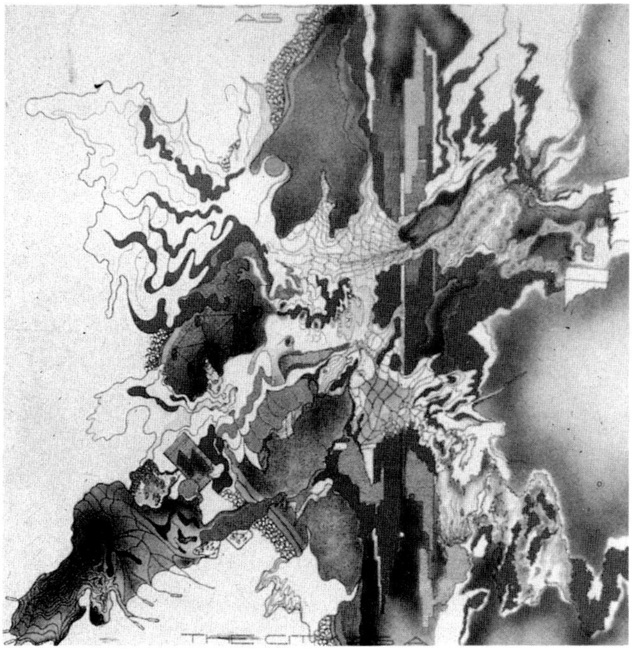

THE URBAN MARK
DISINTEGRATED

Die Ahnenreihe der Postmodernen

Aber auch in der Stadtplanung selbst gibt es schon eine lange „Ahnenreihe"[7] von Gruppen, die den in der ästhetischen Wirkung schal gewordenen Funktionalismus verlassen und nach neuen Ausdrucksmöglichkeiten suchen.

Der für den Städtebau bedeutende erste Schritt auf das „los-vom- Funktionalismus-Ziel" ist eigentlich der Verzicht auf jede endgültige Form. So entstehen jene urbanen Gebilde, die sozusagen aus sich heraus wachsen, in einer vorgegebenen — nämlich technischen — Struktur, aber nicht nach einem deterministischen Plan. So auch in den „metamorphosischen" Studien „urban mark" der Gruppe Archigram (hier Peter Cook als Verfasser).[8]

In die gleiche Kategorie gehören so gesehen die Arbeiten von „Superstudio",[9] die den Menschen nun ohne jede Behausung auf der Erdoberfläche sehen, aber wohlgemerkt verkabelt und durch einen Stecker an jedes erforderliche Energienetz wie Wärme, Elektrizität, Wasser, Nahrung anschließbar.

7) Jencks, a.a.O. In diese „Ahnenreihe" gehören sicher so heterogene Gruppen wie O M A (Office of Modern Architecture) mit ihrem Projekt „Delirious New York" und Archigram, Haus-Rucker-Co., Coop Himmelblau u.a., auch wenn fast alle Gruppen zunächst mit ironisch gemeinten großtechnischen Utopien angefangen haben.

8) u.a. in Klotz, H. (Hrsg.) Vision der Moderne, das Prinzip Konstruktion München 1986

9) Superstudio The New Domestic Landscape, Ausstellungskatalog New York 1972

Wege zur postmodernen Stadt II:
Die Welt als klimatisierte Hülle oder Landschaft mit Figuren
(A. Natalini mit Superstudio 1971)

In diese Richtung, nämlich eine bestimmte Gestaltung von Stadt zu ignorieren und sie durch Beliebigkeit zu ersetzen, zielen schließlich auch die Arbeiten des Office for Metropolitan Architecture (OMA). Das zeigt sich in den „Air Hab Villages"[10] oder selbst im „Delirious New York", hier in der Phantasie „The Captive Globe", die alle bedeutenden Bauten der Architektur des 20. Jahrhunderts in ihrer entlarvenden Unterschiedlichkeit gegenüberstellt mit der (denkbaren) Botschaft: „Die Einheitlichkeit der Stadt ist tot. Fangt endlich an, die Städte zu sehen wie sie sind!" Und vielleicht auch noch: „Die Städte sind schön, wie sie sind. Baut sie nicht neu, baut sie weiter, laßt sie sich wandeln!"

10) z.B. Klotz, H. Revision der Moderne
München 1984

Wege zur postmodernen Stadt III:
Air Hab Village oder die Beliebigkeit der Umgebung in den Metropolen
(Archigram 1972)

Wege zur postmodernen Stadt IV:
The Captive Globe oder
Die grenzenlose Vielfalt der
modernen Architektur
(Archigram 1972–76)

L' Architettura della Città

Das für den Paradigmenwechsel im Städtebau wichtigste Werk ist wahrscheinlich Aldo Rossis „L'architettura della città", das schon 1966 geschrieben, aber erst 1973, also nach einer langen „Inkubationszeit", auf deutsch herauskommt und eigentlich erst nochmals ein halbes Jahrzehnt später wirklich seinen Einfluß auch auf den deutschen Städtebau ausübt.[11]

Rossis Arbeit, geschrieben noch vor den unruhigen Jahren der Studentenbewegung, sieht die Stadt bewußt als ein architektonisch-geografisches und nicht als ein politisch-ökonomisches System an. Er empfindet die Stadt nicht mehr wie der Funktionalismus als ein System von politischen, sozialen und ökonomischen Tatbeständen, die es in eine vorbestimmte, nämlich die Form des Neuen Bauens einzufangen gilt, sondern Rossi sieht sie als Architektur. Das heißt einmal wörtlich als die Summe der Gebäude, aus denen sie sich zusammensetzt, dann aber auch als Bauvorgang, als Werden einer Stadt,

11) Rossi, A. Architettura della Città, Padova 1966
dtsch. Düsseldorf 1973

als den Gegensatz zwischen Eigentümlichem und Allgemeinem, zwischen Individuellem und Kollektivem. Also wohl stärker eine kontemplative Betrachtungsweise, die auf Interpretation und vorsichtige Ergänzung aus ist, als jene dynamische und organisatorische, die den vergangenen Jahrzehnten in Deutschland zu eigen sein mußte, wenn sie ihre speziellen Aufgaben des Aufbaus erfüllen wollte.

Rossi beruft sich bei der Entwicklung seiner Theorien auch auf Wissenschaftler anderer Fakultäten. Levi Strauss[12] und Maurice Halbwachs,[13] also Ethnologie und Soziologie, dienen ihm mit ihren Arbeiten als Kronzeugen für seine neue, um eine psychische Dimension erweiterte Auffassung von Stadt. So meint Halbwachs: „Wenn zwischen den Häusern, den Straßen und den Gruppen ihrer Bewohner nur eine rein zufällige Beziehung von kurzer Dauer bestände, könnten die Menschen ihre Häuser, ihre Straßenviertel, ihre Stadt zerstören und auf demselben Grund eine andere Stadt nach einem andersartigen Plan wiederaufbauen; aber wenn die Steine sich auch versetzen lassen, so kann man doch nicht ebenso leicht die Beziehungen verändern, die zwischen den Steinen und den Menschen entstanden sind. Wenn eine menschliche Gruppe lange an einem ihren Gewohnheiten angepaßten Ort lebt, richten sich nicht nur ihre Bewegungen, sondern richtet sich auch ihr Denken nach der Folge der materiellen Bilder, die ihr die äußeren Gegenstände darbieten . . . Was eine Gruppe gemacht hat, kann eine andere zerstören. Aber die Absicht der Menschen von damals hat in einer materiellen Anordnung, d.h. in einer Sache Gestalt angenommen; und die Macht der lokalen Tradition entstammt dieser Sache, deren Bild sie war. So ahmen die Gruppen mit einem ganzen Teil ihrer selbst die Passivität der trägen Materie nach."

Für Rossi ist Stadt mehr als ein funktionierender Apparat; sie ist gestalteter Raum, aber auch Traum, Erlebnis und Erinnerung für Generationen. Ihre Strukturen, ihre Baumonumente und die Erinnerungen ihrer Bewohner bestimmen Wesen und Seele einer Stadt, auch wenn sich die ursprünglichen Nutzungen einzelner Gebäude längst geändert haben. Aus diesen Grundelementen entsteht schließlich ein „genius loci", den weder

12) Rossi, a.a.O., S. 23 der dtsch. Ausgabe
Die Berufung hier auf französische Ethnologie und Soziologie ist nicht untypisch, weil damit auch die Psyche als neue Dimension in der Stadtplanung beschrieben wird. „Die Stadt ist Objekt der Natur und Subjekt der Kultur, Individium und Gruppe, Traum und Erlebnis, sie ist das Menschliche schlechthin". (zit. nach Levi-Strauss).

13) Rossi, a.a.O. zitiert: Halbwachs, M.

die natürliche Erneuerung noch gewaltsame Zerstörung im kollektiven Gedächtnis auslöschen können.

Rossi geht also über die Ansätze der architektonischen Protestgruppen hinaus und nimmt nun auch die gesamte Geschichte und ihre Spuren, d.h. die „kollektive Erinnerung", die Maurice Halbwachs so eindringlich beschreibt, mit in seine Vorstellung von Stadt.

Die analoge Stadt

In diesem Zusammenhang taucht bei Rossi auch die These von der „analogen Stadt" auf: ein „Kompositionsvorgang, der sich auf einige Grundphänomene der städtebaulichen Realität stützt und im *analogen*[14] Rahmen neue Fakten hinzufügt."

Diese Wiederentdeckung der Stadt als eine Ganzheit, auch in ihren heterogensten Bestandteilen, ist allen postmodernen Architekturtheorien, so unterschiedlich sie sich sonst auch gerieren mögen, gemeinsam. Die Stadt wird in ihrer historischen Bedingtheit gesehen und anerkannt. Veränderungen und Ergänzungen, die möglich und oft erforderlich sind, brechen nach diesen Theorien

14) Rossi, a.a.O. Vorwort zur zweiten (italienischen) Auflage

Wege zur modernen Stadt V: L'Architettura della Città oder die Anerkennung der Geschichte

Analoge Architektur: Eine Architekturphantasie aus Venedig. Canaletto versammelt hier die verschiedensten Bauten Palldios um den Ponte vecchio

nicht mit dem vorgefundenen historischen Kontext, sondern fügen sich unter Wahrung eigener Identität in das Bestehende ein.

Ein Exkurs zur Entstehung der städtebaulichen Mythen

Natürlich ist man bei der Entstehung solcher Mythen wie der städtebaulichen Postmoderne versucht zu fragen, ob sie wirklich als neue, vielleicht gar utopische Ideen entstehen, oder ob ihre Entstehung nicht den Zwängen einer akuten Situation folgt. Auch dieses neue Leitbild zur Ergänzung der bestehenden Stadt kommt gerade zu einer Zeit auf, als die andere große Aufgabe des Städtebaus, die Stadterweiterung, ohnehin kaum noch Chancen zur Verwirklichung hat. Aber die Frage, ob nun Leitbilder aus sich heraus oder nach Bedarf entstehen, ist wohl einigermaßen schlüssig zu beantworten: In Architektur und Städtebau, aber auch in allen involvierten Wissenschaften wird fortwährend ein großes Potential an utopischen Ideen erarbeitet und vorgehalten. Daraus wird von einer Avantgarde die für die Weiterentwicklung aussichtsreichste ausgewählt, verbal und gestalterisch ausformuliert und schließlich durchgesetzt. Dieser Prozeß hat in der Tat gewisse Ähnlichkeiten mit dem Evolutionsprozeß der Natur und geht sicher auch mit ähnlichen Verlusten vor sich.

Das städtebauliche Vokabular der Postmoderne

So jedenfalls könnte man auch die Entstehung des neuen städtebaulichen Mythos der Postmoderne interpretieren. Trotz aller Respektierung des Überkommenen versucht natürlich auch diese Architekturepoche,

Città analoga (A. Cantafora) Die „rationale" Architektur behauptet hier das Bestehen einer kontinuierlichen Tradition von den Meisterwerken der Baugeschichte zu sich selbst.

Wege zur postmodernen Stadt VI: Vorbilder: Das Rom der Kaiserzeit ...

der Stadt ihren eigenen Stempel aufzudrücken. Sie tut es durch die Auswahl eines eigenwilligen Formenvokabulars. Da tauchen so ziemlich alle baulichen und städtebaulichen Elemente der Vergangenheit wieder auf; mit Vorliebe solche des letzten Jahrhunderts oder der römischen Kaiserzeit.

Zur geheimen Leitgestalt vieler städtebaulicher Entwürfe wird jetzt die Villa Hadriana bei Rom, diese altrömische Kaiservilla mit ihrer nachgebauten Ansammlung berühmter Orte, die Hadrian auf seinen Reisen gesehen hatte. Auch die Stilmittel der postmodernen Stadtplanung sind die gleichen; weit ausgreifende Achsen mit überraschenden Versätzen und Verschwenkungen und offenbar vorsätzlichen Kollisionen der Einzelelemente, so daß der Komplex aussieht, als hätten Jahrhunderte daran gebaut. So wird in das gewollte Stilkonglomerat auch noch die Illusion einer künstlichen Zeitdimension eingebaut.

. . . und besonders die Villa Adriana

„Saatgut" oder die wundersame Reproduktion der Bauformen der Postmoderne (Bauwelt 33/1986)

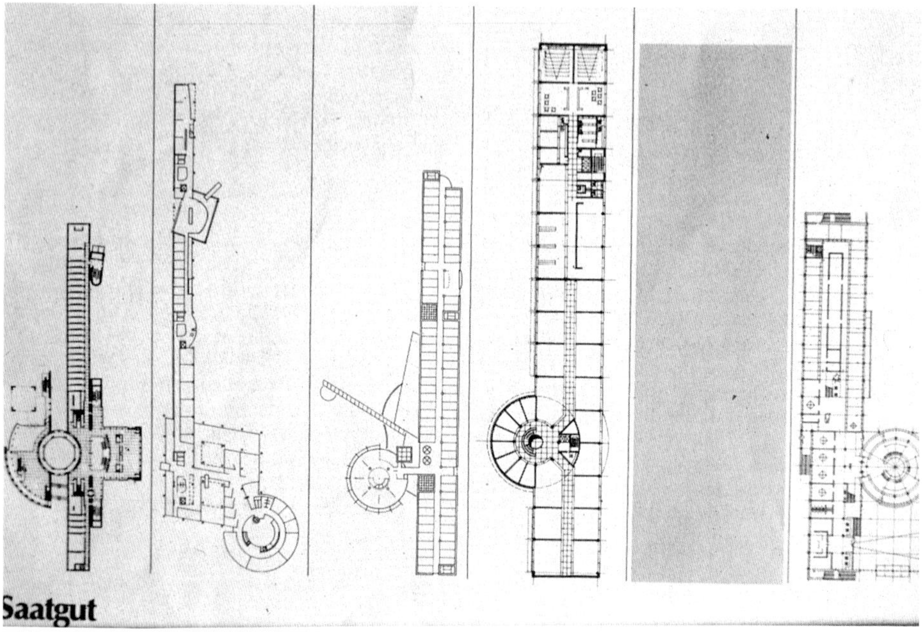

Welche Inflation solcher Bauformen in ihrer unreflektierten Verwendung bald einsetzt, zeigt ein nun seinerseits ironisch zitierendes Titelblatt der „Bauwelt" von 1986. Darin liegt die Gefahr des Gebrauchs solcher prätentiöser Bauformen, daß ihre notwendig sinnentleerte Anwendung sie nur zu schnell der Lächerlichkeit preisgeben kann.

Die Prämoderne Stadt als Leitbild der Postmoderne

Daneben finden wir in vielen Entwürfen die „klassischen" Achsen und Kreisplätze wieder. So überzieht Rob Krier[15] in seiner Rekonstruktion von Stuttgart die ganze Innenstadt mit einem System solcher stadträumlich gefaßter Plätze und Achsen und macht im Rigorismus seines Stilwillens weder vor Bestehendem noch vor geschichtlichen Vorgaben halt.

15) Krier, R. Stadtraum in Theorie und Praxis
Stuttgart 1975

Aber auch viele andere Entwürfe, z.B. für die Berliner Internationale Bauausstellung, tragen als Hauptmerkmal ein offenes oder verstecktes System solcher Achsen. Das ausgehende 20. Jahrhundert hat seine Wahlverwandtschaft mit den Stilformen des späten 19. Jahrhunderts entdeckt. Achsen, Boulevards, Passagen und Kreisplätze kommen wieder.

Nochmals: Stuttgart, umgestaltet von Rob Krier.

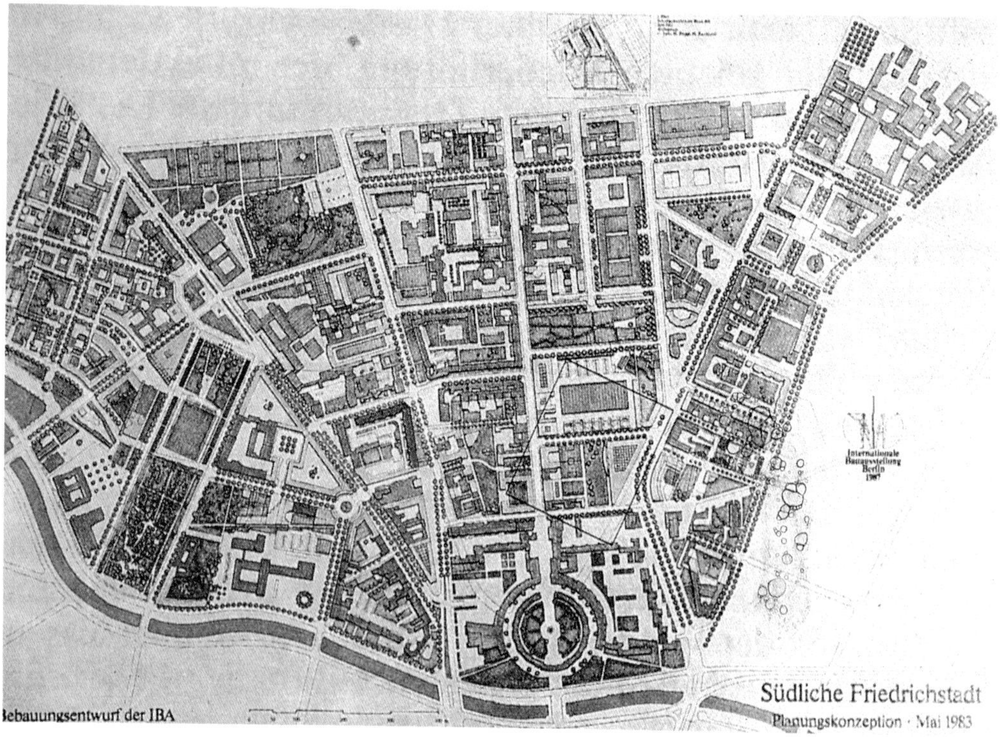

Berlin, der Bereich südliche Friedrichstadt als „Stadtreparatur" im Rahmen der Internationalen Bauausstellung (IBA) (J. P. Kleihues 1984)

Manchmal gerät die Anwendung solcher sinnentleerten Formen zur Peinlichkeit, wenn z.B. riesige Achsen ins städtebauliche Nichts, also etwa auf ein schlichtes Wohnhaus oder die nicht überbaubare Fläche eines Restgrundstücks stoßen. Aber Fiktion steht nun eben weit über Funktion, oder vielleicht sollte eben das „Nichts" ein ironisches Zitat sein? Die künftige „Dekonstruktion" der Stadt?

Populismus und Kunstgeschichte

In der Postmoderne geht es oft auch um eine „populistische" Anlehnung der postmodernen Architektur an Bauten der Region oder um skurrile Versuche einer „do it yourself"-Architektur. Ja, das Nachspüren nach solchen volksnahen Elementen wird zum Entwurfsprinzip erhoben und manche Architekten sind stolz darauf, eine sogenannte Doppelcodierung vorweisen zu können, d.h. eine Lesart für den Geschmack des Durchschnittsbürgers

Städtebauliche Achsen zielend auf eine Wohnhaustür . . .
(Wohnbebauung am Berlin-Museum Kollhof, Ovaska u.a. 1980)

. . . oder auf die Restfreifläche eines Nachbargrundstücks
(R. Krier, Ritterstraße, Berlin 1977)

16) Venturi, R. Complexities and Contradictions in Architecture dtsch.: Komplexität und Widerspruch in der Architektur
Braunschweig/Wiesbaden 1983

17) Venturi, R. Learning from Las Vegas
The Massachusetts Institut of Technology 1978
dtsch.: Venturi, R. Lernen von Las Vegas: zur Ikonographie und Architektursymbolik der Geschäftsstadt
Braunschweig / Wiesbaden 1979

18) Müller, M. in arch + 33/1977

Das Gebäude als dekorierter Schuppen oder als Symbol . . . (Venturi, Learning from Las Vegas)

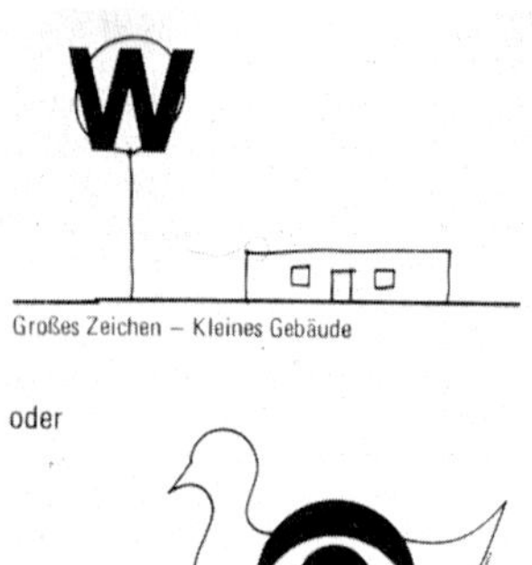

und eine für den hochgebildeten Kenner der Architekturgeschichte, der hier eben die ironisch gemeinten Formzitate aus bekannten Bauten der Vergangenheit wiederfindet.

Venturi und die Folgen

So hat auch Robert Venturi zeitlich parallel zu Rossi seine Abkehr von der Architektur der Moderne vollzogen. 1966 bringt er seine „Complexity and Contradiction in Architecture" heraus.[16] Auch seine Theorie will den Formenkanon der Moderne erweitern und Erlebniswert und Symbolgehalt wieder in die Architektur einführen.

Noch einen Schritt weiter geht Venturi 1972 in seinem „Learning from Las Vegas".[17] Er versucht hier das räumliche Chaos des „Upper Strip" mit seinen überdimensionalen Reklamezeichen und seinen ungeordneten Spielhöllen und Hotelbauten zu analysieren und stellt allen Ernstes die These von der Zweckmäßigkeit des „dekorierten Schuppens" auf.

Bedenklich bleibt diese These wegen der Rehabilitation des Dekorierens, das hier als legitimes Mittel der Architektur wieder anerkannt wird; und zwar nicht nur im Sinne des Schmückens, sondern so, daß Dekoration Träger von Symbol und Bedeutung wird. Die Berufung auf diese Art von Pop-Kunst und Historismus in der Architektur schlägt einen gefährlichen Weg des Illusionismus ein, der eben doch einer kulturellen Grundauffassung vom Bauen als einer sehr elementaren menschlichen Tätigkeit entgegensteht.

Darüber hinaus betreibt diese „Las-Vegas-Architektur" tatsächlich „die Aussöhnung mit einer Lebenspraxis, die vorrangig von der Konsumption bestimmt ist, indem sie diese ästhetischen Muster der Konsumsphäre der architektonischen Zeichensprache als allgemein verständlich und zugänglich zuordnet. Was hingegen verlorengeht, ist die Fähigkeit, die Architektur im Alltag als eine gestaltete Organisationsform des Zusammenlebens zu begreifen, das ein nur an Konsum gebundenes kommunikatives Handeln partiell überwinden hilft."[18]

... Daraus folgt die Stadt der Zeichen und Symbole: Werbezeichen für Philadelphia (Venturi, Rauch, Scott, Brown)

Andere -ismen ...

Die Bewegung der Postmoderne hat noch viele Facetten, und es wäre sicher reizvoll, die vielen Theorien, wie Kontextualismus, Thematisierung der Architektur,[19] Pattern Language[20] und die vom kollektiven Bewußtsein[21] nachzuzeichnen. Ihre Auswirkungen auf den Städtebau sind alle sehr ähnlich. Sie gehen von einer ästhetisch oder historisch bestimmten Grundauffassung aus, und das mag der Entwicklung der Planung nach den vielen Jahren der ausschließlichen Diskussion über politische und soziale Probleme durchaus gut tun.

19) Ungers, O.M. Die Thematisierung der Architektur Stuttgart 1983

20) z.B. Alexander, Chr. Eine Pattern Language. Auszüge aus: „Die zeitlose Art zu bauen" u. „eine Pattern Language" in arch + 73/1984

21) Halbwachs, M. Das kollektive Gedächtnis a.a.O., viertes Kapitel: Das kollektive Gedächtnis und der Raum

... und die wirklichen Probleme

Aber die wirklichen Probleme der Städte sind nicht allein solche der Gestaltung, sondern solche des Versagens der Steuerung. (Habermas)[22] Was eigentlich jedermann für vernünftig in der Entwicklung der Städte ansehen würde, eben dies ist in unserem Wirtschaftssystem nicht oder nur um den Preis seiner Aufgabe zu errei-

22) s. Anm. 1

chen: So veröden die Innenstädte weiter, weil die rapide wachsenden Grundstückspreise keine rentable Wohnnutzung mehr zulassen; die Städte nehmen weiter an Bevölkerung ab und an Ausdehnung zu, wenig wünschenswerte Tatsachen. Der steigenden Umweltverschmutzung ist offenbar nicht oder nur unter Anwendung von für die Wirtschaft existenzgefährdenden Zwangsmaßnahmen beizukommen. Von diesen Problemen aber lenkt die einseitig geführte ästhetische Diskussion, lenkt also der Mythos der Postmoderne ab.

Neue städtebauliche Aufgaben für die 80er Jahre

Die Jahre um 1980 sehen die Entwicklung der Stadt in einer gewissen Konsolidierungsphase. Die großen Wachstumsimpulse der 60er und der frühen 70er Jahre sind nun abgeklungen. Auf allen Gebieten der Nutzung stagniert die Nachfrage. In einigen Bereichen der Städte, wie in großflächigen Industrie- und Gewerbegebieten, zeigen sich starke Schrumpfungstendenzen.

Der Schwerpunkt der städtebaulichen Arbeit hat sich auf die Verbesserung der bestehenden Innenstädte gelegt und wird sich bald mit der Beseitigung der Mängel in den Siedlungen der 60er und 70er Jahre befassen. Die Hauptaufgabe ist nun die Strukturverbesserung und das Aufpolieren des Erscheinungsbildes der Innenstädte. Denn schließlich sind die Städte in einen harten Konkurrenzkampf um die nur noch minimalen wirtschaftlichen Zuwachsraten getreten.

In diesem Zusammenhang steht auch ein neuer Ausbau der Kultureinrichtungen. Da die wirtschaftliche Entwicklung trotz hoher Arbeitslosigkeit immer noch höhere Einkommen für einen großen Teil der Beschäftigten und damit auch eine Steigerung der städtischen Steuereinnahmen zuläßt, können sich die Städte den Ausbau von Museen und auch eine erhebliche Anzahl sonstiger Aktivitäten auf dem Gebiet der kulturellen Bauten und Veranstaltungen leisten. Ein großer Boom an Museums- und Kulturbauten läuft als vorerst letzte große Bauwelle noch einmal über die großen und viele mittlere Städte hinweg und erlaubt ihnen eine weitere Aufwertung ihrer Zentren.

Ebenso werden die städtebaulichen Themen der späten 70er Jahre weitergeführt: Stadtverschönerung durch neue Fußgängerzonen und Verkehrsberuhigung; in den meisten Städten aber auch eine behutsame Sanierung und Modernisierung. In allen Städten, die noch eine historische Altstadt über Krieg und Wiederaufbau gerettet haben, steht deren Erneuerung und oft nur historisch nachempfundene Ergänzung im Mittelpunkt. Vieles der neuen Stadtverschönerungen von historisch nachgestellter Gestalt nimmt dabei den Charakter einer nostalgisch verbrämten Puppenstube an, wird aber dennoch von einer Mehrheit der Bevölkerung offenbar als Bereicherung des städtischen Erscheinungsbildes empfunden.

Beispiele

1. Zwischen Dom und Römerberg in Frankfurt am Main

Das Gebiet zwischen Dom und Römer war bis zu seiner Zerstörung 1944 Kern der Altstadt gewesen. Beim Wiederaufbau 1949 bis Mitte der 50er Jahre war es gelungen, mit Hilfe einer großzügigen Bodenordnung die Ränder der total zerstörten Altstadt neu zu errichten.

Der eigentliche Kern der Altstadt zwischen dem Dom und dem Römer als dem Rathaus der Stadt blieb zunächst liegen. Mehrere Wettbewerbe für dieses Gebiet hatten, jeweils dem Geist der Zeit folgend, verschiedene Vorschläge für die Bebauung erbracht. Sie stellte sich einmal (1950) als Wohnbebauung, einmal (1964) als Nutzung mit öffentlichen Attraktionen dar. Aber das Stadtparlament zögerte zu Recht, dieses als historisches Herz der Stadt empfundene Gebiet nun entweder als schlichte Wohnblocks oder als Ansammlung öffentlicher Aktivitäten wiederentstehen zu lassen.

Trotz heftiger Diskussion war für diesen Teil der Stadt kein überzeugendes Programm mehr zu finden. Eigentlich war hier ein Stück Stadt funktionslos geworden. Der neue Mittelpunkt der Stadt war, so wie sich auch die Stadt ausgedehnt hatte, längst nach Norden gerückt.

Auch alle privaten Aktivitäten der 60er und 70er Jahre, von der Ansiedlung eines bedeutenden Großverlages

Das städtebauliche Schicksal einer Altstadt, hier Frankfurt am Main: Der mittelalterliche Kern vor der Zerstörung 1944

über die Errichtung von Hotels bis hin zu halböffentlichen Einrichtungen, hatten sich immer wieder zerschlagen. Dies blieb die Situation über viele Jahre hinweg und die vielfältigen Bauprogramme und Bauversuche von drei Jahrzehnten zeigen im Grunde nur die Ratlosigkeit, mit der man diesem ehemaligen historischen Mittelpunkt der Stadt gegenüberstand.

Die Ostseite am Römerberg

Einen wesentlichen Impuls für die Bebauung erhielt das Projekt, als um 1973 Bürgerwünsche laut wurden, zumindest die Ostseite des Römerbergs wieder „historisch" aufzubauen. Der Nachbau dieser in den Bombennächten von 1944 völlig untergegangenen Baugruppe war zunächst eine Horrorvision für alle Architekten, Stadtplaner und die Denkmalpfleger. Solche untergegangenen Bauten, die seit 35 Jahren nicht mehr existieren, zu denen es nicht einmal genaue Aufmaße und Detailzeichnungen gab, zu kopieren, war und ist im Verständ-

nis der Fachleute ein Sakrileg. Aber bei den Stadtverordneten als den eigentlichen Entscheidungsträgern hatte die Welle der Nostalgie, die Mitte der 70er Jahre aufkam, einen Sinneswandel herbeigeführt. Sie waren nun für den „historischen" Wiederaufbau.

Die Aufbauplanung der Nachkriegszeit. Der zentrale Bereich zwischen Dom und Römer blieb bis Anfang der 80er Jahre unbebaut.

Schließlich entschloß man sich 1980 nach einer längeren Zeit der Diskussionen und der Voruntersuchungen zu einem Wettbewerb. Dabei war für alle Teilnehmer ein Vorschlag mit den „historischen" Formen für die Ostseite des Römerbergs Pflicht, ein anderer in Formen, die der Entwurfsverfasser vorschlagen wollte, blieb freigestellt.

Der Wettbewerb, dessen Hauptaufgabe die Bebauung des übrigen Geländes zwischen Dom und Römerberg war, sah neben den wenigen Wohnungen und Gaststätten an der Ostseite des Römerbergs weitere 10.000 qm Neubauprogramm vor, in das sich die Volkshochschule (30%), weitere Wohnungen (35%), und Läden und Gaststätten (15%) teilten. Der Rest war einem fakultativen Ergänzungsprogramm vorbehalten.

Die „historische“ Neubebauung um 1980 am Römerberg (Schirmacher)

Die Entwicklung der Planungsidee für die Bebauung zwischen Dom und Römer (Bangert, Jansen, Scholz, Schultes 1980)
1. Die mittelalterliche Altstadt bis zu ihrer Zerstörung 1944 (Norden ist links)

1

Das Wettbewerbsergebnis und seine Begründung

Das Ergebnis des Wettbewerbs mag viele überrascht haben, denn erstens stimmte auch die überwiegend mit anerkannten Fachleuten besetzte Jury der historischen Bebauung der Ostseite des Römerbergs zu und zweitens prämiierte sie für den verbleibenden Bereich zwischen Dom und Römer eine sehr eigenwillige, aber im Modell offenbar überzeugende Lösung. Die Empfehlung des Preisgerichts für den Entwurf Bangert — Jansen — Scholz — Schultes lautete:

„Der mit dem 1. Preis ausgezeichnete Entwurf hat das Problem des Wiederaufbaus der alten (Ost-)zeile in einer überzeugenden Weise gelöst, die vom Stadtgestalterischen her den Wunsch des Wiederaufbaus rechtfertigt.

Darüber hinaus bietet dieser Entwurf eine langfristig städtebauliche und gestalterische Gültigkeit, indem er . . . die heterogenen Elemente aus verschiedenen Epochen, die heute als unzusammenhängende Solitärbauten den Römerberg kennzeichnen, zu einer neuen Einheit zusammenfaßt und zugleich durch das Angebot offener

Der Zentralturm der „Schirn“ beherrscht und gliedert den Raum

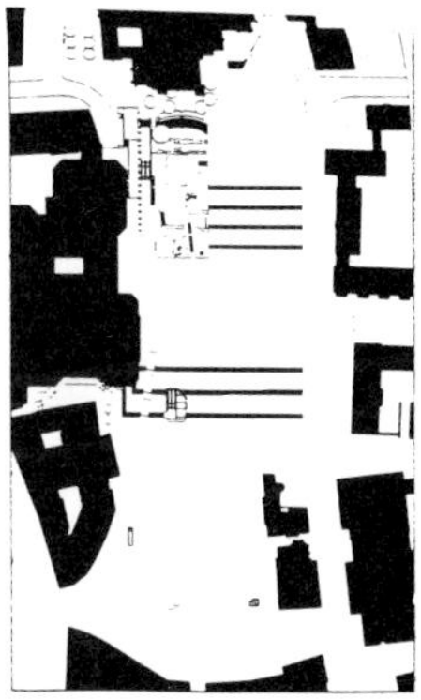

2

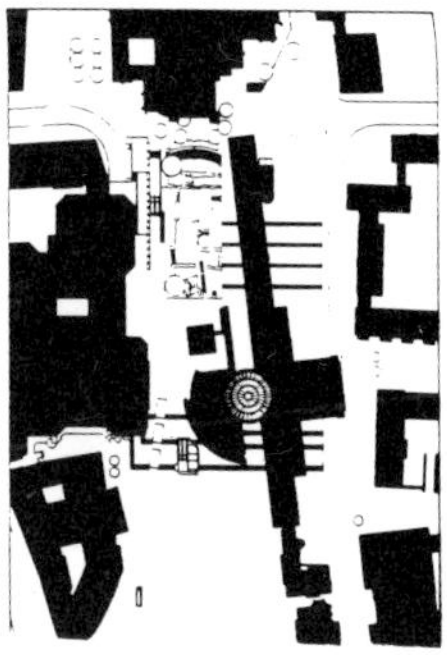

3

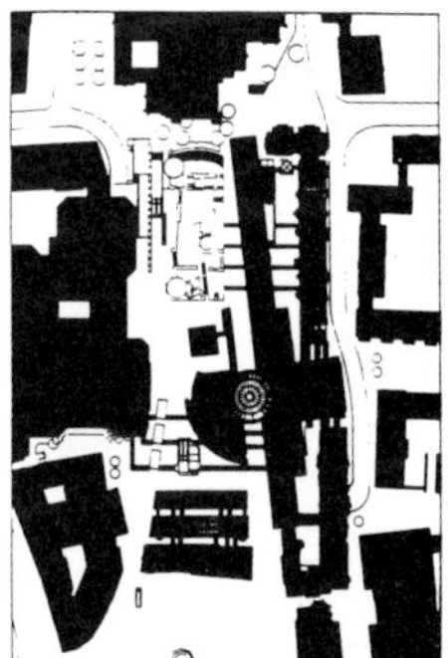

4

2. Der Bereich nach dem teilweisen Wiederaufbau bis 1980. Die räumliche Begrenzung ist indifferent.
3. Die „Schirn“ als neues raumbeherrschendes und gliederndes Element.
4. Die historische Bebauung der Römerberg-Ostseite und der Saalgasse binden die „Schirn“ in die Umgebung ein.

Freibereiche auch Qualitäten des nach dem Kriege entstandenen Platzbereiches übernimmt.

Das Preisgericht empfiehlt daher dem Auslober einstimmig, den Verfasser der mit dem 1. Preis ausgezeichneten Wettbewerbsarbeit mit der Weiterentwicklung seines Projektes zu beauftragen.“

In der Tat ist unbestritten, daß durch den großen Gestus einer neuen baulichen Ordnungsachse, mit der die neue Kulturschirn den Platz zwischen Dom und Römerberg gliedert, ein neuer Bezug in dem sonst ungeordneten Raum geschaffen wird. Der große Zentralbau teilt den Raum und schafft mit der bestehenden Umgebung in sich „stimmige“ Teilräume.

Der Ostflügel der Schirn bildet einen neuen Raum zwischen Dom . . .

. . . und Technischem Rathaus und faßt die Ausgrabungen des historischen Gartens neu.

Kritik

Ein solches Unternehmen wie die Neubebauung des Bereichs zwischen Dom und Römer repräsentiert den Städtebau der Postmoderne hervorragend und dekuvriert zugleich seine Schwächen. Es repräsentiert seine Möglichkeiten, auf die Stadt als Überkommenes einzugehen und sie als Ausgangsbasis zu akzeptieren. Es versucht durch Bauformen einen neuen Sinn für das Bestehende zu stiften. Dabei bedient sich die Architektur sowohl der Mittel der Wiederherstellung einer Pseudo-Historie als auch des bewußten Einsatzes historischer Zitate. Aber sie bedient sich auch unbekümmert der modernen Großform, wenn sie nur als Gliederungselement oder zur Akzentuierung des Raumes dient.

Die Lösung am Römerberg zeigt aber auch gleichzeitig die Vordergründigkeit der Postmoderne, denn hinter der historischen Fassade findet die vorgetäuschte Funktion innerstädtischen Wohnens kaum noch statt. Einige Kneipen und bessere Restaurants sind das einzige, was stellvertretend für das einst so vielfältige und bunte Leben einer historischen Stadtmitte geblieben ist. Die großstädtische Wirklichkeit unserer Zeit ist eben eine völlig andere geworden und die frühere Stadtmitte hat sich längst zur saisonal besuchten Touristenattraktion und zum Ort gelegentlicher Stadtfeste gewandelt. Zu anderen Zeiten ist sie so einsam und tot wie die übrige City auch.

Wie anders sollte sie auch funktionieren? Eher scheint doch unsere Zielvorstellung von Urbanität fraglich geworden zu sein. Und vielleicht ist die Realität über unsere städtebaulichen Begriffe und Forderungen hinausgewachsen. Schließlich ist ja auch „Disneyland" eine gut funktionierende Realität!

Die gesamte Anlage sowohl der „historischen Zeile" als auch der „Kulturschirn" – so heißt die Bebauung zwischen der Ostseite des Römerbergs und dem Dom – steht auf einem mit dem Aufbau völlig divergierenden Raster einer Tiefgarage. So ist auch von oben der ganze Komplex einschließlich der neu gebauten historischen Häuser eben „Fassade", weil er eine eher „narrative" Form über eine völlig andere Konstruktion zieht. Auch heute noch gilt aber, daß die Übereinstimmung von Form mit Konstruktion und Inhalt wenigstens *ein* wichtiges Kriterium für die Qualität von Architektur sein sollte.

Der „Tisch" und der Turm der Schirn vor der historischen Baugruppe des Römerberges und dem Römer (oben).

Man muß das zur Kenntnis nehmen. Aber kann man wirklich mit der Künstlichkeit solcher „Stadtinszenierungen" bei einem traditionellen Verständnis der europäischen Stadt ganz einverstanden sein? Wird nun hier mit einem fröhlichen Ambiente aus postmoderner Architektur der tatsächliche Wandel der Stadtstruktur überspielt, oder ist hier schon das Bühnenbild geschaffen für die Inszenierung einer neuen lockeren und unbekümmerten Freizeitgesellschaft, für die Bauen wirklich nur noch das Aufstellen von Kulissen für ein unterhaltsames Spiel ist?

2. Die City West in Frankfurt am Main

Der „Planverfasser" dieses Projektes O.M. Ungers ist einer der ideenreichsten Vertreter der Postmoderne. So hat er auch seine eigene Auffassung zur Interpretation und Weiterentwicklung der heutigen Stadt ausformuliert und versucht sie auch immer wieder im bestehenden Stadtkörper darzustellen. Er bedient sich dabei seiner Thesen von der „Stadt in der Stadt", daneben ihrer optischen Akzentuierung durch besondere architektonische „Merkzeichen".

Bei diesem Projekt geht es um ein ehemaliges Gewerbegebiet aus der Jahrhundertwende, das zur Zeit seiner Entstehung noch reichlich mit Wohnen durchmischt war. Ungers faßt dieses Gebiet nach seinen Theorien als „Stadt in der Stadt" auf, also ein auch stilistisch einheitlich zu errichtendes Gebilde, das, einer Insel gleich, korrespondierend mit anderen Stadtquartieren im städtischen Gesamtgebiet schwimmt: die Stadt sozusagen als ein Archipel, dessen Inseln zwar in sich einheitlich, aber unter sich verschieden sind und die in ihrer Summe die Stadt bilden.

Anlaß der Planung: Anfang der 80er Jahre wurden wegen eines in Frankfurt verstärkt neu auftretenden Investitionsdrucks auf dem Büroflächenmarkt wieder Gesamtplanungen für dafür geeignete Areale notwendig. Die Stadtplanung hatte dieses Gebiet für eine gemischte Nutzung, Büros und Wohnen, vorgesehen und Ungers mit der Vorlage eines ungefähren „Visionsplans" beauftragt.

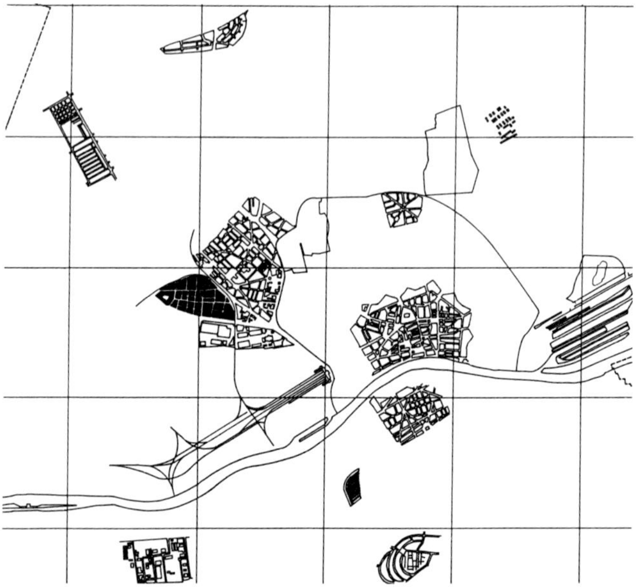

Die neue „City West" als Teil des „Stadt in der Stadt" – Konzeptes von O. M. Ungers 1985

Was nun hier O.M. Ungers aufbauend auf den Grundgedanken des vorhandenen Stadtteilentwicklungsplans nach einem halben Jahr ablieferte, war aber viel mehr als der in Auftrag gegebene ungefähre Visionsplan. Es war ein bis in den Maßstab 1:200 ausgearbeiteter Architekturplan mit einer exakten Ausformung der Gebäude und einem ergänzten Straßen- und Nutzungskonzept.

Die Elemente des Entwurfs sind dem Ungers'schen Formenvokabular entnommen: Rechteck und Quadrat sind in vielfältigen Thematisierungen variiert.
So gibt es ein

— Gebiet 1: „Winkelbauten",
das sind vier offene L-förmige Bauten, die nach innen einen eigenartig labilen Raum bilden, indem sie zwischen sich weite Abstände lassen und mit eingeschobenen Breitfüßen die eigentliche Raumfassung wieder aufheben. Einer der L-förmigen Bauten ist so angeordnet, daß er durch den vorhandenen Bogen der S-Bahn brutal angeschnitten wird und nur als Torso stehen bleibt: Das Thema der „Assemblage oder der Zusammenfall der Gegensätze."

— Gebiet 2: „Stadttore"
Die Hochhäuser dienen als Eingangselement in die Stadt an der Eisenbahnüberführung und bestehen aus zwei

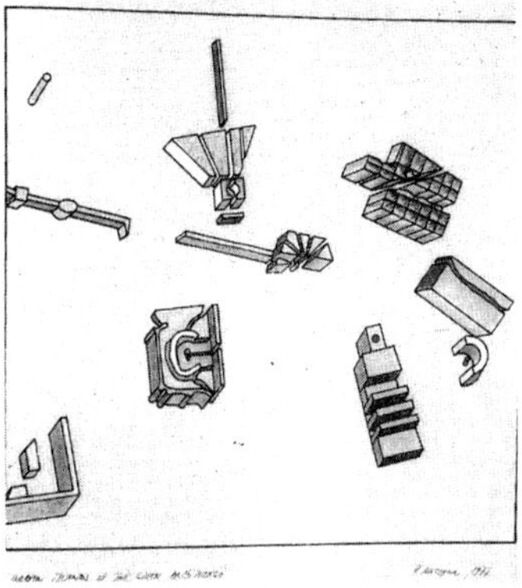

„Stadt in der Stadt" — Studien zu einer städtischen Struktur in der südlichen Friedrichstadt
(Ungers, Koolhaas, Riemann 1977)

Die neue City-West in Frankfurt a.M. ein Stadtteil der Postmoderne?
(O. M. Ungers 1985/86)
1. Winkelbauten
2. Stadttor
3. Doppeltürme
4. Stadtanlage
5. Zitadelle
6. Wohnanlage
7. Techn. Garten
8. Hochhaus am Westbahnhof

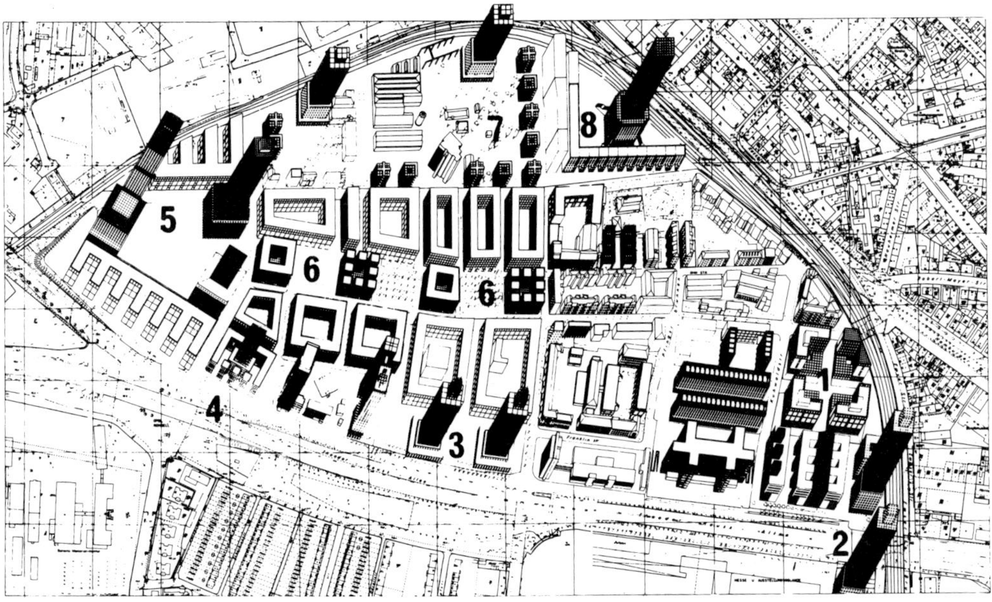

quadratischen, etwa 40-geschossigen schlanken Hochhäusern. Dieses Element bildet ein optisches Eingangstor und nimmt einen deutlichen Bezug zu der schon bestehenden Galeria der gegenüberliegenden Messehalle und zu dem entfernt liegenden „Torhochhaus" auf: Das Thema der Imagination oder „die Welt als Vorstellung".

— Gebiet 3: „Doppeltürme"
stellt zwei Bürohochhäuser mit dahinterliegenden Verwaltungsblöcken als vorgesehene Verwaltungsgebäude für die Gewerkschaft dar.

— Gebiet 4: ist eine sogenannte „Stadtanlage" aus verschieden geformten hohen und niedrigen Baukörpern entspricht etwa der postmodernen Auffassung eines Stadtelementes.

— Gebiet 5: „Zitadelle"
ist die beherrschende Hochhausgruppe des Gebietes, die zwar keinen lokalhistorischen Bezug zu ihrem Namen hat, aber immerhin die beiden durch das Gebiet gelegten Straßenachsen optisch auffängt. Auch dies ist Thematisierung der Stadtplanung, die hier Begriffselemente der historischen Stadt aufnimmt und sie als optische Versatzstücke an geeigneter Stelle sozusagen einpflanzt. Eine neue Stadt aus der Erinnerung an Elemente anderer, vielleicht auch untergegangener Städte. Die Zitadelle besteht aus drei verschieden hohen gegeneinander verdrehten Baukörpern und bietet mit ihren skurrilen Baumassen tatsächlich einen beherrschenden und bedrohenden Anblick. Sie signalisiert nach Westen zur Autobahneinfahrt den Beginn der Stadt. Für die wahre Geschichte der Stadt, die eben nie unter fremder Herrschaft gestanden hat und daher auch keine „Zitadelle" kannte, ein fragwürdiges städtebauliches Zitat.

— Gebiet 6: „Wohnanlage",
bestehend aus vier engen und relativ hohen Wohnblocks, die von zwei „Boulevards" begrenzt wird und im Wechsel mit Kleinstparks ein vorhandenes Wohngebiet fortsetzt. Mit der Enge ihrer Innenhöfe und der Lage der Wohngebäude zwischen den Hauptverkehrsstraßen stellt diese Baugruppe eine typische Reminiszenz an die Stadt des 19. Jahrhunderts dar. Und wieder zeigt dieses städtebauliche Detail, wie die Qualität der Wohnungen, die mindestens zur Hälfte miserabel belichtet und besonnt sind, dem formalen Mythos geopfert werden!

— Gebiet 7: „Technischer Garten“,
eine aus kleinen quadratischen Wohnhäusern und Verwaltungsgebäuden gemischte Baugruppe.

— Gebiet 8: „Hochhaus am Westbahnhof“
Auch dies eine Gruppe, die mit einem etwa 35geschossigen Hochhaus den dritten Eckpunkt des Gesamtgebietes markiert und den Zugang zur S-Bahnstation signalisieren soll: Auch ein „Merkzeichen“, zunächst ohne Möglichkeit der Erschließung der riesigen Baumasse.

Kritik des Projektes

Der Gesamtentwurf ist in seiner Nachbildung eines Ausschnitts einer Metropole mit allen seinen gewollten und geschickt demonstrierten „Zufälligkeiten“ durchaus eindrucksvoll. Ein Preisgericht würde ihm sicher auch architektonische und räumliche Qualitäten bescheinigen.

Aber dieser Entwurf wäre sicher ein Mißverständnis, sollte er als wörtliche Handlungsanweisung für die Form eines über Jahrzehnte entstehenden Stadtteils zu sehen sein. Denn genau so, durch das Einzwängen in ein vorgegebenes formales Konzept, kann Stadt eben *nicht* entstehen. Die Anforderungen des wirklichen Lebens und das komplizierte Geflecht von wirtschaftlichen Interessen, vorgegebenen Grundstückszuschnitten und zeitlich sehr unterschiedlichen Entwicklungsbedürfnissen ist viel komplexer und seine Entwicklung viel unvorhersehbarer, als daß es sich von einem vorgegebenen Architekturentwurf einfangen ließe.

Im bestehenden Stadtgebiet ist in unserer Wirtschafts- und Bodenordnung kein noch so begabter Architekt fähig, kommende Bedürfnisse des einzelnen Investors und Grundstücksbesitzers vorauszusehen und einen entsprechenden „Maßanzug“ zu schneidern, zumal wenn schon die Illusion strukturell viel zu gewaltiger Baumassen vorgegeben wird, deren Erschließung in der abgeschnitteten Lage des Quartiers so gar nicht möglich sein kann.

Dies ist ein wesentlicher und vom Architekten oft nicht erkannter Unterschied zwischen dem Bau eines Hauses und dem Entstehen einer Stadt. An der Stadt bauen Viele und über eine lange Zeit. Eine zu detaillierte Festsetzung ist also sinnlos. Aber auch hier müssen wenigstens die Grundwerte von Maß und Art der Bebauung festgelegt werden, um das Ganze in den bestehenden Stadtkörper einbinden zu können.

Das Ende der Postmoderne?

Die Postmoderne ist früh in die Kritik der Zeitgenossen geraten. Bis jetzt hat das bisher von ihr bewältigte Bauvolumen noch längst nicht etwa das der 60er Jahre erreicht, und schon beginnt sich ein Überdruß an ihrer Formensprache abzuzeichnen, einer Formensprache, die, wie Conrads[23] meint, „sich in keiner Weise auf einen lebendigen sozialen Körper bezieht, sondern gerade in ihren besten Hervorbringungen nur die Frustration derer widerspiegelt, denen die Gesellschaft, von ihren gewählten Repräsentationsfiguren entmachtet, kein verbindliches Pensum mehr stellt."

Die Kritik geht weiter. Bei aller Anerkennung, die Entwicklung aus einer Sackgasse herausgeführt zu haben, muß sich die neue Architektur doch Vorwürfe gefallen

23) Bauwelt 13/1987

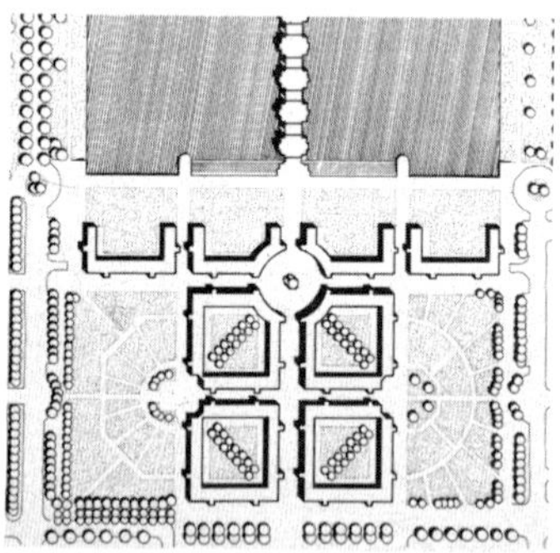

Sozialer Wohnungsbau im Schloß? Les Arcades du Lac in Saint Quentin en Yveline (R. Bofill 1978—80)

„. . . die Kunst, neue Symbole zu schaffen, die klassische Formsprache zu entwickeln, ist Aufgabe der Architektur" . . . (Ricardo Bofill)

Die Piazza d'Italia in New Orleans als Traumarchitektur in einer fernen Welt (Ch. Moore 1977)

lassen, daß sie nur um des äußeren Effektes wegen baut und auf funktionierende Grundrisse, Konstruktionen und Details keinen Wert mehr legt. Auch wird die Hohlheit der Form gegenüber ihrer wirklichen Bedeutung oft nur allzu deutlich: „brutale Raubzüge durch die architektonische Stilgeschichte in der Hoffnung, am Ende springt irgend etwas mehr Architekturqualität, vor allem aber Urbanität heraus. Denn man hält das bunte Leben in den alten Städten am Mittelmeer für eine logische Konsequenz eines bestimmten Angebotes an Architektur: es fehlt jede Vorstellung von der komplizierten Struktur einer städtischen Öffentlichkeit."[24]

So ist das Ende auch dieses Mythos der Postmoderne als einer Episode in der Geschichte des Städtebaus eigentlich schon abzusehen, und es bleibt abzuwarten, welcher neue Mythos den alten ablösen wird.

24) Marquart, Ch.
Stuttgarter Zeitung 21.4.1984 zu Bofille, Les Arcades du Lac

Die Qualitäten des Nichts – Konstruktion und Dekonstruktion postmoderner Städteplanung

Korreferat von H. P. SCHWARZ zu den 80er Jahren

Auch in der Stadtplanung standen die 80er Jahre im Zeichen der Postmoderne, einer Postmoderne allerdings, die in die Jahre gekommen ist, ihre eigene Geschichte hat. Ausgehend von den polemisch gefärbten Gegenkonzepten zur auto- oder bauwirtschaftsgerechten Stadt der späten Moderne und befördert durch die Tatsache, daß in den letzten Jahrzehnten das Bild der Stadt immer deutlicher durch kulturelle statt durch soziologische Interdependenzen geprägt wurde, hat sich die postmoderne Urbanistik deutlich differenziert.

Um nun nicht in den gleichen Fehler zu verfallen, den die postmoderne Kritik an der Moderne beging, in dem sie ihren Gegenstand als Monolith begriff, scheint es mir dringend geboten, das Feld der postmodernen Stadtplanung von seinen extremen Polen her zu betrachten, von Positionen aus, die kaum unter einem begrifflichen Dach zu behandeln wären, wenn die Postmoderne nicht für sich selbst das Credo der Pluralität angestimmt hätte.

Die beiden Protagonisten für diese Positionen, die ich einmal als die konstruktiven bzw. die dekonstruktiven Denk- und Planungsansätze postmoderner Stadtplanung

Rob Krier
Wohnbebauung Berlin, Ritterstraße

Rem Koolhaas
Wettbewerbsprojekt für Parc de la Vilette, Paris 1983

bezeichnen möchte, sind der Luxemburger Architekt Rob Krier, der heute in Wien lebt und arbeitet, auf der einen und der Niederländer Rem Koolhaas, dessen Büros in London, Rotterdam und New York angesiedelt sind, auf der anderen Seite.

Wenn man sich ihre Projekte anschaut, hat man schon auf den ersten Blick, was die Darstellungsweise betrifft, derart unterschiedliche Projekte vor Augen, daß man eine Gleichzeitigkeit kaum annehmen würde.

Wir werden im folgenden aber noch sehen, daß diese Unterschiedlichkeit vor allem aus den jeweiligen methodischen Ansätzen resultiert und nicht so sehr auf eine Differenz in der Gesamtkonzeption verweist.

Beide Projekte wenden sich gegen die „Metaerzählung“ der Moderne schlechthin, die die Überführung von Kunst in Leben propagierte, verstehen sich vielmehr als Beispiele *autonomer* Architektur.

Beide setzen die *Architektur* in der Stadtplanung als primär. Beide messen der öffentlichen Architektur gegenüber der privaten eine größere Bedeutung zu.

Das sind zwar nur drei, aber wie ich meine, die zentralen Unterscheidungsmerkmale zu dem, was die Stadtplanung der klassischen Moderne propagiert hatte. Um nun die unterschiedlichen Methoden von Krier auf der einen und Rem Koolhaas auf der anderen Seite genauer bestimmen zu können, scheint es mir nötig, in aller gebotenen Kürze die theoretischen Konzeptionen zu skizzieren, von denen sie explizit ausgehen. „Die Stadt als Architektur betrachten heißt, die Tatsache anerkennen, daß Architektur nicht etwa als abstrakter Begriff sondern als konkreter Bauvorgang etwas *eigenständiges* ist, daß sie das *wichtigste* städtebauliche Phänomen entstehen läßt und daß sie durch alle die hier analysierten Prozesse Vergangenheit mit Zukunft verbindet". Dieses Zitat aus der vielleicht einflußreichsten urbanistischen Theorie der letzten Jahrzehnte, nämlich Aldo Rossis „Architettura della Città" markiert den Ausgangspunkt, von dem sich eine ganze Reihe europäischer Architekten gegen Ende der sechziger Jahre eine Erneuerung der problematisch gewordenen Stadtplanungsvorstellung der Moderne erhofften.

Rossi und die von ihm mitinspirierte Gruppe der italienischen Neorationalisten forderten die Autonomie der Architektur wieder ein, eine Autonomie, die nicht zuletzt durch eine der großen Metaerzählungen der Moderne, nämlich der Überführung von Kunst in Leben aufgegeben worden war. Daß den „Autonomen" dabei die Problematik dieser Forderung durchaus bewußt war, brachte einer ihrer theoretischen Wortführer, Manfredo Tafuri, auf den Begriff: „Was uns interessiert, ist die genaue Darstellung derjenigen Aufgaben, die der Architektur bzw. der geistigen Arbeit im allgemeinen durch die kapitalistische Entwicklung entzogen worden sind. Das führt fast zwangsläufig dahin, sich mit dem zu beschäftigen, was heute als das Drama der Architektur gilt: die erzwungene Reduktion der Architektur auf reine Architektur, auf eine Frage der Form bar jeder Utopie, in den besten Fällen auf sublime Nutzlosigkeit. Aber den mystifizierenden Versuchen, die Architektur ideologisch zu überhöhen, ziehen wir immer die Ernsthaftigkeit desjenigen vor, der den Mut aufbringt, von jener schweigenden und inaktuellen Reinheit zu sprechen, selbst dann, wenn diese Reinheit ideologisch inspiriert ist, selbst dann, wenn sie aufgrund ihres Anachronismus pathetisch wird".

Fast trotzig, auf jeden Fall aber polemisch versucht hier Tafuri die auch von ihm als erzwungen begriffene Reduktion der Architektur auf die ihr eigenen Traditionen nicht als Belastung, sondern als Ausgangspunkt für eine Erneuerung zu begreifen. Das ist natürlich himmelweit entfernt von dem, was etwa gleichzeitig Robert Venturi mit seiner Heroisierung der populistischen „Disney World" von Las Vegas versucht, beiden gemeinsam aber ist der Versuch, eine Art Grammatik für eine neue Architektursprache zu entwickeln. Rossis Vorschlag für diese Grammatik faßt er in der Vorstellung der Città Analoga zusammen. Rossi meint mit diesem Konzept, daß ein Stadtorganismus aus den erdachten und gebauten Entwürfen der Architekturgeschichte bestehe, ja eine Art imaginäres Museum für die klassischen Meisterwerke der Baukunst darstelle, ein Museum allerdings, das es immer weiter zu ergänzen und zu verändern gelte.

Darüber hinaus propagiert Rossi die Unterscheidung zwischen *„primären Elementen"* und *Wohngebieten.* War dies schon für die Erben der Moderne eine wahrhaft ketzerische Äußerung, da doch gerade erst der Wohnbau als das Hauptproblem der Architektur schlechthin erkannt worden war, so wird die diesbezügliche Polemik Rossis noch deutlicher, wenn man sich die Hierarchisierung der Bautypen ansieht, die für sein urbanistisches System grundlegend ist. Hier wird nämlich dem Bau-Denkmal, dem öffentlichen Gebäude ein ganz eindeutiges Primat vor der Wohnbauarchitektur eingeräumt, was voreilige Epigonen Rossis dazu veranlaßt hat, den Wohnbau gleich ganz wieder jener Anonymität zu überantworten, aus der er durch die Moderne gerade erst erlöst schien.

Ich habe eben Rossis Hierarchisierung der Bautypen erwähnt und damit jenes Element der Città Analoga bezeichnet, das ihm geeignet schien, seine Theorie zur Methode zu instrumentalisieren: ich meine die „Typologisierung" und die „Morphologisierung" des Stadtorganismus. Ich kann und will hier an dieser Stelle nicht auf die Vorgeschichte dieser Architekturkonzeption eingehen, die sicherlich bis ins frühe 18. Jahrhundert hineinreicht und für die von den Rationalisten selbst Theoretiker wie Laugier und andere als Urväter reklamiert wurden, sondern das, was mit dieser Methode gemeint ist, am Beispiel unseres Protagonisten Rob Krier verdeutlichen, der für die konkrete Umsetzung der Rossi'schen Vorstellungen besonders folgenreich geworden ist.

Kriers Arbeit ist dewegen besonders folgenreich geworden, weil er nicht nur schon sehr früh die Methode der typologischen Untersuchung an konkreten Beispielen erprobt hat, sondern sie auch mit seiner Arbeit „Stadtraum in Theorie und Praxis“ kodifiziert hatte. Hier versucht Krier, als erstes eine typologische und morphologische Definition des Begriffes Stadtraum zu geben, die zwar wertneutral sein sollte, aber bezeichnenderweise in das Vorbild der antik-römischen Stadtplanung einmündete, was der schon bei Rossi angelegten Vorstellung des Klassizismus als „politisch agnostischem Formalismus“ natürlich sehr nahe kam. Die Vorstellung, daß seine Stadtraumtypen wertneutral seien, eine Vorstellung, die gerade in der Bundesrepublik zu massiven Kontroversen geführt hat, gewinnt Krier ganz deutlich aus Rossis Vorstellungen, der im Typus „einerseits die Möglichkeit, eine konkrete Bauaufgabe in allgemeingültiger Form zu beantworten, sah und . . . andererseits die Möglichkeit einer mehrdeutigen Form, die grundsätzlich über die konkrete Bauaufgabe hinausgeht“.

Wie Ingo Bohning herausgearbeitet hat, bezieht sich Rossi dabei wohl auf Henri Focillon, der in seiner Arbeit „das Leben der Form“, die 1964 auf Deutsch in München erschien, eine Art Ontologie der künstlerischen Formen propagierte: „Neben die herkömmliche Art der ikonografischen Behandlung, die sich mit der Variation der Form bei konstantem Thema beschäftigt, soll eine zweite Ikonografie treten, welche die Variation der Bedeutung bei ein und derselben Form herausarbeitet“. Daß es aber nicht purer Formalismus ist, dem Rossis Vorstellung vom Typus geschuldet ist, ergibt sich nicht nur ganz allgemein aus der ausgesprochen antikapitalistischen Stoßrichtung des Gesamtkonzeptes, sondern auch aus den Vorschriften, die Rossi für die Herausbildung des Typus aufstellt: „Die Ursachen, die zur Bildung eines solchen Typus führen, können vielfältig sein. Sie können sich aus der Topografie oder dem Parzellenzuschnitt ergeben, sie können sich aus spezifischen Ansprüchen der Gesellschaft und aus besonderen Gegebenheiten der Geschichte entwickeln. Immer müssen es jedoch kollektive Probleme sein und immer muß sich aus einzelnen Lösungen eine Synthese gebildet haben. Der Typus ist in diesem Fall die Abstraktion einer allgemeinen Raumauffassung, die mit den Werten korrespondiert, die die soziale Gruppe ihr zuordnet. Er ist das Ergebnis einer kulturellen Übereinkunft". Die Verdichtung dieser Auffassung von Typologie, die seitdem als Schlagwort nahezu alle Architekturdiskussionen und Projekterläuterungstexte durchgeistert, lautet: Architektur der kollektiven Erinnerung.

Soweit das, was wir als die konstruktive, weil stadtreparierende Fraktion der Postmoderne bezeichnet haben. Auch für die dekonstruktive Phase, die wir ja mit Rem Koolhaas vom Office of Metropolitan Architecture als Protagonisten besetzt hatten, ist eine theoretische Voraussetzung dingfest zu machen. In der August-Nummer der Zeitschrift „Architectural Record" von 1975 erschien ein von Fred Kötter und dem wahrscheinlich einflußreichsten anglo-amerikanischen Urbanisten Colin Rowe gezeichneter Artikel mit dem Titel „Collage City". „Warum sollten wir verpflichtet sein, Nostalgie für die Zukunft der Nostalgie für die Vergangenheit vorzuziehen?" fragt Colin Rowe hier und macht damit seine Gegenposition zu Rossi deutlich. Auch Rowe sieht das Verhältnis zwischen Tradition und Utopie gestört, aber er verwirft die utopischen Möglichkeiten nicht ganz, sondern setzt seinen Begriff der Collage geradezu als Hilfsmittel ein, um das aus dem Lot geratene Verhältnis von Tradition und Utopie wieder zurechtzurücken.

Der große Unterschied zwischen „Collage City" und „Città Analoga" ist aber, daß Rowe die historischen Relikte nicht so sehr als architektur-historische Idealformen, sondern als objets trouvés begreift, mit all den darin enthaltenen Bedeutungen. Wichtig ist ihm die Vergesellschaftung von Geschichte, also die Spuren, die die wirkliche Geschichte auch und gerade auf den trivialen Überbleibseln der Architekturtradition hinterlassen hat. Deshalb hat Rowe auch ein gewisses Interesse an den „Disney Worlds" der Stadtplanungsgeschichte. Das verbindet seine Konzeption mit der eines Robert Venturi ebenso wie Rowes Bestimmung des Verhältnisses von Utopie und Tradition Venturis „Complexities and Contradictions" sehr nahe zu kommen scheint.

Aber anders als Venturi zielt Rowes Konzeption nicht auf die urbanen Zeichensysteme ab, mit deren Hilfe Venturi seine strukturellen Verunreinigungen der reinen

Architektur zelebriert, sondern eher auf jene prekäre Ganzheit, die Wolfgang Welsch in den Begriff der „agonalen Komplexität" gefaßt und zu einem der Grundkriterien für die Postmoderne schlechthin erklärt hat. Wenn auch aus den Abbildungen, die den Artikel von Kötter und Rowe begleiten, ein nostalgisches Interesse an historischen Vorbildern, z.B. der Villa Hadriana oder der antik-römischen Stadtgestaltung zum Ausdruck kommt, so gelingt es ihm doch, die unterschiedlichen Beziehungssysteme, die das „Stadtganze" ausmachen und die nicht immer Architektur sein müssen, zu aktivieren.

Und genau hier wird Rowes Konzeption für Architekten wie Rem Koolhaas, Bernard Tschumi oder auch Peter Eisenman interessant, die vielleicht die profiliertesten Vertreter dessen sind, was wir als „Dekonstruktivismus" bezeichnet haben. Um dieses Konzept aber voll entwickeln zu können, mußte noch eines hinzukommen, ein Erprobungsbereich, den wir bei unseren Eingangsbeispielen schon gezeigt haben. Denn während Rossi und auch Rowe ihre Konzeption ganz dezidiert am Beispiel der europäischen Stadt entwickeln, interessieren sich Koolhaas und auch Tschumi ebenso eindeutig für die viel gescholtene Hochhausmetropole Manhattan. Zwei Projekte stehen für dieses Interesse, bezeichnenderweise beide stark literarisch geprägt, was der angestrebten Ausnutzung möglichst vieler Strukturbereiche des Stadtzusammenhanges entspricht: „Delirious New York. A retroactive manifest of Manhattan" von Rem Koolhaas und dem Office of Metropolitan Architecture und die *Manhattan Transcripts* von Bernard Tschumi — schon im Titel eine bewußte Anlehnung an Dos Passos Roman Manhattan Transfer.

Da die Zeit drängt, kann ich hier nur versuchen, ganz kurz in ähnlicher Form, wie dies bei der typologischen Methode Rob Kriers geschehen ist, die methodische Verschränkung von Analyse und Entwurf bei Koolhaas und Tschumi zu skizzieren, die hier aber ungleich komplizierter darzustellen ist, weil die Konzepte nicht mit einer derartigen Evidenz vorgetragen werden wie das bei Robert Krier der Fall war. Deshalb sei vorab auf zwei Dinge hingewiesen: die wichtigsten Untersuchungszonen und Gestaltungsmittel dekonstruktivistischer Stadtplanung sind die „Strukturen" und die „Leerräume", die durch deren Überlagerung entstehen. Denn: „die Gesellschaft ist zu heterogen, als daß ihre Kontrollsysteme flächendeckend funktionieren könnten. So entstehen Nischen und Räume für Andersdenkende. Freiräume oder Leerräume, in denen sich die Vision von etwas Neuem formieren könnte. Es ist ein Niemandsland, nicht nur in geistiger Dimension, sondern durchaus auch stadträumlich konkret vorhanden. Das sind die geheimen Orte der Städte, Orte des großstädtischen Niedergangs, des Industriesterbens oder des zeitweisen Vergessens". (Hilde Leon/Konrad Wohlhage).

Diese hervorragende, wenn auch etwas optimistische Definition des dekonstruktivistischen Interesses am Stadtraum macht vielleicht auch klar, warum gerade New York, und bezeichnenderweise auch West-Berlin die Experimentierfelder sind, an denen sich diese Stadtplanungskonzepte bevorzugt abarbeiten. Denn vor allem hier ist, durch Krieg, Planungsfehler oder Spekulationsprojekte bedingt, jener Zustand erreicht, der den

Zoe Zenghelis mit OMA (Office for Metropolitan Architecture) The City of the captive Globe 1976

Übergang vom *Stadtraum* zur *Stadtlandschaft* charakterisiert und den Rem Koolhaas, wie einer seiner polemischen Forderungen zu entnehmen ist, gern auch woanders künstlich herstellen würde: „wichtiger als die Gestaltung der Städte ist heute und in naher Zukunft die Gestaltung ihres Zerfalls. Nur durch den revolutionären Prozeß des Ausradierens, der Errichtung von Freiheitszonen, in denen alle Architekturgesetze außer Kraft gesetzt sind, wird eines der unlösbaren Probleme städtischen Lebens aufgehoben sein: die Spannung zwischen Programm und Inhalt".

Ungers, Koolhaas, Riemann „Stadt in Stadt" – Studien 1977

Auf diesem, allerdings erst später bewußt gemachten Hintergrund ist das „Delirious New York"-Projekt zu sehen, dessen programmatisches Bild „the city of the captive globe" noch am deutlichsten das sogenannte Archipelkonzept zeigt, wie es Rem Koolhaas gemeinsam mit Oswald Matthias Ungers schon in den 60er Jahren im „green archipelago" formuliert hat: Wie auf Inseln, die innerhalb eines architektonisch undefinierten Stadtraumes schwimmen, sind die architektonischen Monumente, die historisch und gegenwärtig für die Entwicklung der Stadt verantwortlich sind, angeordnet: wir sehen die Glastürme, die Le Corbusiers „Plan Voisin" dominieren ebenso wie expressionistische Filmarchitektur, den surrealistischen „Angelus Architectural" von Dali oder die Lenin-Rednertribüne von Lisitzky und ein abstrakt gläsernes „Hommage to Superstudio".

Könnte man Koolhaas' Versuch, den Auflösungsprozeß der Metropolen zur Grundlage eines urbanistischen Entwurfes zu nehmen und so die Stadt gerade nicht zu reparieren, als Archipel-Prinzip bezeichnen, so läßt sich Bernard Tschumi von der ästhetischen Methode des Films inspirieren. Analog zu einem auch visuell notierenden Filmdrehbuch, wie wir es von Eisenstein kennen, auf den sich Tschumi ausdrücklich bezieht, analysiert Tschumi ein Stück Stadtraum in New York anhand eines „alltäglichen Mordfalles": Die „Manhattan Transcripts". Dieses Stadtplanungskonzept ist in einzelne Akte gegliedert, die mit Fotos, Zeichnungen und Lageplänen den Verlauf eines Kriminalfalles illustrieren, wie wir ihn aus zahllosen Filmen kennen: die einsame Figur, die sich dem Ort des Verbrechens nähert, der Mord selbst, die Jagd nach dem Mörder, die Suche nach

Anhaltspunkten, die schließlich zur Entdeckung und Gefangennahme des Mörders führen. Diese auch visuell geläufigen durch allgemein bekannte Bildmetaphern gekennzeichneten Stationen werden begleitet durch architektonische Situationen, die unlösbar mit den Ereignissen verbunden sind, deren Zeuge sie waren. Tschumi versucht also, allerdings auf eine sehr artifizielle Weise, die an Methoden der Concept Art erinnert, Verhaltensweisen, Grundrisse, Handlungsabläufe so unmittelbar miteinander zu verschränken, daß durch diese Verschränkung ein architektonischer Raum entsteht, der nicht — statisch — durch seine *Grenzen* definiert wird, sondern gerade durch seine Dynamik.

Die architektonischen Realisierungen, die Koolhaas oder Tschumi nach diesen Methoden entwickeln, leiden natürlich etwas unter der Schwierigkeit, daß hier Entwurfsprozeß und als Zwischenergebnis begriffenes Endprodukt so unlösbar miteinander verbunden sind, daß das nur Gebaute für sich alleine kaum verständlich wird. Vor allem Bernard Tschumis Follies im Park La Villette in Paris, die Inkunabeln dekonstruktivistischen Planungsdenkens schlechthin, wirken eher banal, bedenkt man die Komplexheit des Produktionsprozesses, deren Ergebnis sie sind, ein Produktionsprozeß, an dem nicht nur der Architekt, sondern auch der dekonstruktivistische Theoretiker Jacques Derrida mehr oder weniger unmittelbar beteiligt war, soweit ich weiß seit Ludwig Wittgensteins Zusammenarbeit mit Paul Engelmann der erste Versuch, wo ein Philosoph wieder unmittelbar in die architektonische Praxis eingreift.

Vergegenwärtigt man sich noch einmal bildhaft die konstruktive und die dekonstruktive Methode postmoderner Stadtplanung, so läßt sich zusammenfassend folgendes feststellen: Beide Konzepte haben ein besonders intimes Verhältnis zur Geschichte. Beide wenden sich gegen den Totalitätsanspruch der klassischen Moderne. Beide stellen den Anspruch, autonome Architektur zu sein.

Aber weil die durch Krier repräsentierte „Stadtreparatur" mehr und mehr auf das Ziel hinarbeitet, von der Geschichte unvollendet gelassene Projekte zu vollenden, bewegt sie sich auf die *Randzonen* postmodernen Bauens

B. Tschumi
The Manhattan Transcripts
MT4, 1981 The Block
MT4
„Here is the Block, with its loose yards and its ruthless frames — where well dressed soldiers get rich and acrobats habits . . . where fat footballplayers send you up for knowing the wrong kind of strong-arm dancers . . . where everything you want belongs to somebody else, and the only way to get it is illegal, immoral or deadly . . . THE BLOCK"

zu, da ihr Anspruch mehr und mehr den für die Postmoderne unverzichtbaren Pluralismus aufgibt und dem Totalitären zuneigt.

Die dekonstruktivistische Idee dagegen, die wegen ihres ursprünglichen Beharrens auf der technologischen Utopie eher eine Randerscheinung der Postmoderne war, sieht sich heute unversehens im Zentrum der Diskussion. Vielleicht weil das neue differenzierte Bild von der Stadt, das die neorationalistische oder, wie wir gesagt haben, „konstruktive“ Fraktion der Postmoderne zu zeichnen begonnen hatte, eben mit den Methoden der Dekonstruktion gültiger zu formulieren ist, und wir müssen dabei auf eine Utopie nicht ganz verzichten.

Conclusio zu den Leitbildern und Mythen in der Stadtplanung 1945—1985

Von H.-R. Müller-Raemisch

„Vierzig Jahre Stadtplanung seit dem Krieg . . . sind auch eine Leistung der Gesellschaft im Geistigen, die sich in einer vorhandenen und funktionierenden demokratischen Kraft der Erneuerung immer wieder manifestiert. Sie hat ihr Verdienst darin, daß sie auf die jeweils sichtbar werdenden Fehlentwicklungen reagieren und sie immer gerade noch rechtzeitig korrigieren konnte . . ."

Dieser Satz aus der Einleitung der „Mythen in der Stadtplanung" sollte am Ende noch einmal der Kritik gestellt werden. Und ich hoffe gezeigt zu haben, daß der rasche Wechsel der Mythen, die Sprünge und Brüche in der Entwicklung nicht nur den Anschein rasch wechselnder Moden hatten, sondern daß sie jeweils auf einen sehr realen gesellschaftlichen und politischen Hintergrund reagiert haben.

— So stellt sich der Wechsel vom Mythos der *aufgelockerten und gegliederten Stadt* zu *Urbanität durch Dichte* eben auch als Folge einer rasanten wirtschaftlichen Entwicklung dar, die einfach für die neuen Funktionen des aufkommenden Tertiärsektors auch neue Bauformen brauchte und für ihre rasch anwachsende Bauproduktion auch neue und viel größere städtebauliche Programme, die mit dem alten Leitbild von Auflockerung und Gliederung nicht mehr zu erfüllen waren.

— Der Wechsel von der *Dichte* und der Großform zur *„Partizipation in der Planung"* geschah als Reaktion auf eine unheilvolle Megalomanie in der Planung, die inzwischen keine Rücksicht mehr auf die sozialen Folgen ihres Tuns nahm.

— Der Versuch, die *„Wissenschaftlichkeit der Planung"* durchzusetzen, kam als Antwort auf eine offensichtlich außer Kontrolle geratene Entwicklung in einem allzu freien Spiel der Kräfte. Hier sollte Wissenschaft als objektivierendes Instrumentarium der Vernunft eingreifen.

— Die *„Behutsame Sanierung“* erscheint als Reaktion auf eine rücksichtslose Flächensanierung mit ebenfalls katastrophalen sozialen Folgen.

— Die *„Postmoderne“* ist neben anderem auch als eine Gegenbewegung gegen einen allzu rigiden Anspruch der *„Moderne“* zu sehen, die die Stadt als ein „Gesamtkunstwerk“ darstellen wollte, das sie in unserer Gesellschaftsordnung eben nicht sein kann, und die sich schließlich noch als Aushängeschild ihrer rücksichtslosen Profitsucht mißbrauchen lassen mußte.

— Der unter allen diesen „Mythen“ nun wirklich ernst zu nehmende Anspruch ist wohl der der *„Ökologie in der Planung“*, denn nur seine Erfüllung wird unser aller Überleben sichern können.

Das sind Beispiele, deren Reihe als „Challenge and Response“ gelesen, sich sicher noch erheblich verlängern ließe. Daß dabei der von mir gebrauchte Begriff der „Mythen“ in Frage gestellt würde, war klar. In unserem Sprachverständnis schwingt dafür doch etwas viel Dauerhafteres, Unergründliches, immer Wiederkehrendes mit, als daß man es auf ein etwa zehn Jahre dauerndes Leitbild im Städtebau hätte angewandt wissen wollen.

Aber ich erinnere an die Definition der Soziologen des Mythos als einer mit *Wahrheitsanspruch versehenen* und *nicht beweisbaren Aussage*, die in ihrer gefühlsmäßig unreflektierten Verankerung eine größere Anzahl von Menschen festigen und koordinieren kann. Insoweit stimmt der Begriff des Mythos per definitionem doch. Und im übrigen möchte ich hier auch für mich einmal das Privileg des postmodernen ironischen Zitats in Anspruch nehmen und erkläre daher die „verbrauchten“ Leitbilder einfach ironisch zu „Mythen“.

So wieder auf den geschichtlichen Ablauf des „begründeten Wechsels“ bezogen, stellt sich die gegenseitige Ablösung der Mythen auch nicht mehr als Katastrophe für die Entwicklung der Stadt dar, sondern als ein nachvollziehbarer und notwendiger Wandel. Und das ist, meine ich, heute die einzige noch mögliche Art, die jüngere Stadtbaugeschichte als einen sinnvollen Ablauf in ihren Wechselbeziehungen zwischen politischem Geschehen und dem Werden unserer Städte anzuerkennen.

Manchem mag eine solche These zu ernüchternd erscheinen. Er hatte sich vielleicht einen anderen Begriff von Politik und ganz bestimmt einen anderen von einer vollkommenen Stadt gemacht. Das mag sein, aber es schließt nicht aus, daß eben diese unsere vorgefaßten Meinungen falsch sind, da sie die heutige Realität mit ihrem permanenten Wechsel nicht mehr zu fassen imstande sind.

Jedenfalls scheinen auch alle jüngeren Stadtbauvisionen und Interpretationen in diese Richtung zu deuten, und die Urbanität, die sie dabei erreichen wollen, ist sicher auch eine andere als die, von der Edgar Salin 1960 sprach, und schon eine ganz andere als die, die man meinte einfach durch bauliche Verdichtung herstellen zu können.

Wenn wir also die bisweilen beängstigenden, bisweilen aber auch erlösenden Visionen von Archigram, O.M.A. oder Superstudio noch einmal Revue passieren lassen, sind diese aus ganz anderem Stoff als dem eines vorausplanbaren Gesamtkunstwerkes.

Und auch die Theorien eines O.M.Ungers von der „Stadt in der Stadt“ oder die wirklich sehr eingehenden Überlegungen eines Colin Rowe zur „Collision City“ und zur „Collage City“[1] basieren eben auf diesem heutigen aus den Gegebenheiten entstandenen Bild der Stadt, das der Offenheit, der Komplexität und Widersprüchlickeit unserer Gesellschaft viel näher stehen muß als einem schönen vorausbedachten „Gesamtkunstwerk Stadt“, das heute offenbar nur noch eine diktatorisch beherrschte Gesellschaft hervorbringen kann.

1) Rowe, C. Koetter, F. Collage City
Cambridge Mass. u. London 1978
dtsch. Basel/Boston/ Stuttgart
1984

Und wenn wir noch die zum Städtebau parallelen Entwicklungen etwa in der Literatur in unsere Betrachtung mit einbeziehen mit ihren Techniken der Überblendung, der freien Assoziation, der Mehrfachdeutung von Ereignissen und des aufgezeichneten Bewußtseinsablaufes, dann kann uns das Bild unserer Städte so befremdlich eigentlich nicht vorkommen. Und schließlich hat Italo Calvino[2] in seinen „unsichtbaren Städten“ alle Interpretation unseres Themas sozusagen literarisch auf den Punkt gebracht: die Stadt als vielfältig gebrochene Sicht einer schillernden Poesie.

2) Calvino, I.
Le Citta invisibili
Torino 1972
dtsch. Die unsichtbaren Städte
München 1977

Die Dichter dürfen die Städte nach ihrer Vorstellung erbauen. Aber die Planer haben sich zumindest bis etwa 1970 eine ganz andere Stadt vorgestellt, als sie wirklich geworden ist. Und die ersten Zeitzeugen unserer Veranstaltung[3] konnten sich ja von dem Mythos der „modernen Stadt“ und der Charta von Athen eigentlich auch nicht so recht trennen. Denn was später geschah, ist ihrer Meinung nach entweder durch die „Unfähigkeit der maßgeblichen Leute“ oder durch anonyme Mächte wie die „Profitsucht des Kapitalismus“ oder die Uneinsichtigkeit der Massen — etwa bei der Weiterbenutzung des Autos — verdorben worden. Und alles wäre auch durch ein einfaches Mittel, durch besseren Städtebau eben, zu ändern! Die Frage bleibt, was dieser „bessere Städtebau“ ist und wem er zur Durchsetzung anvertraut werden soll. Bisher ist der Konsens hierüber in unserer Gesellschaft noch nicht herzustellen gewesen.

3) Die Vortragsveranstaltungen vom 15.2. und 22.2.1989 mit Hubert Hoffmann und Josef Lehmbrock als Zeitzeugen

Ich meine eher, daß Planen heute heißt, eine permanente Auseinandersetzung mit Antinomien zu bestehen, von denen nie eine Position nur gut und nie eine nur schlecht ist. So gibt es in der Planung immer die Positionen von z.B.

— Utopie und Realität
— Erhalten und Verändern
— Offene Planung und geschlossenes Kunstwerk oder aktueller
— Wirtschaftliches Wachstum gegen Umweltschutz
— Verkehrsverminderung gegen die Erhaltung der Arbeitsplätze in der Autoindustrie

Nicht alle diese Gegensätze sind echt. Aber diese Aufzählung zeigt doch auch, daß es schwer ist, einen Städtebau der Thesen zu betreiben. Nicht zu allen Zeiten und an allen Orten können die gleichen Ziele gelten, oder der zwischen diesen konkurrierenden Zielen zu findende Kompromiß wird eben jedesmal anders aussehen müssen.

Unter diesem Aspekt war die These des dritten Zeitzeugen[4] vom planerischen „Zeitfenster“ wichtig. Er stellte — sicher aus der bisherigen Geschichte unwiderlegbar — fest, daß man im heutigen Städtebau eben zu bestimmten Zeiten nur jeweils eine bestimmte Art von Projekten, hier Straßenbau, da Stadtverschönerung, da Stadtumbau, dort Stadterhaltung machen könnte, weil man für die andere Art von Projekten eben für lange Zeit keine demokratische Mehrheit fände. Ich begrüße diese

4) Veranstaltung vom 1.3.1989 mit Hanns Adrian

Feststellung, stützt sie doch meine These von der einäugigen und ausschließlichen Herrschaft der Mythen während der Zeit ihrer Gültigkeit.

Interessant wäre für uns natürlich noch die Antwort auf die Frage nach dem nächsten Mythos, nachdem es ziemlich sicher scheint, daß auch der der Postmoderne nicht mehr ewig leben wird.

Ich weiß die Antwort nicht, aber es zeichnet sich doch ab, daß wir zwei Erfahrungen aus der Vergangenheit werden sehr ernst nehmen müssen:

1. Die Tatsache, daß eine aufgeklärte und engagierte Bevölkerung sich nun nicht mehr von der Planung, die ihre Umwelt und ihr Leben beeinflußt, ausschließen läßt, und daß daher einschneidende Veränderungen in unserer Umwelt nicht mehr gegen eine Mehrheit in der Bevölkerung durchzusetzen sind.

2. Die Erkenntnis, daß das ökologische Gleichgewicht unserer Städte und der ganzen Welt nun in einer nicht mehr wegzudiskutierenden Weise bedroht ist und daß die Remedur dieses Zustandes daher ein unbedingtes Ziel aller Planung bleiben muß.

Was außer diesen Zielen ein neuer Planungsmythos noch bringen wird, ist schwer vorauszusagen. Wahrscheinlich wird er mit dem alten Mythos der Beglückung der Betroffenen durch Planung Schluß machen müssen. Auch wir Planer werden wohl einsehen müssen, daß es mit der Besserung der Menschen durch einen besseren Städtebau seine Grenzen haben wird. Schließlich ist auch Thomas Morus' selige Insel Utopia nie verwirklicht worden, wo „die Menschen nicht anders als glücklich hätten sein können, weil sie nicht anders als gut sein konnten."

Trotzdem, wir werden auf Utopien und Mythen auch in der Zukunft nicht verzichten können. Und wenn wir ihnen bis hier auch so viel Negatives nachgesagt haben, weil wir sie so oft mit lächerlichen Moden gleichgesetzt haben, sie sind in Wahrheit weitaus mehr.

Sie sind auch Kräfte, die das Rad der Geschichte weiterdrehen, denn nur

— sie vermögen die Kräfte der unterschiedlichen gesellschaftlichen Gruppen zu versöhnen und auf ein gemeinsames Ziel auszurichten,

— sie vermögen eine ins geschichtliche „Aus“ laufende Entwicklung aufzuhalten und umzudrehen,

— sie geben dem, der planen muß und dem, der entscheiden muß, die Kraft und die Überzeugung überhaupt zu handeln.

So gesehen sind sie eine nicht verzichtbare Substanz der Planung, der Politik und letzlich auch ein Mittel zum Überleben.

So wird gelten: wir werden mit den Mythen leben müssen. Aber wenn wir auf die vielen Unsinnigkeiten und Fehlentwicklungen sehen, die die ebenso anregenden wie einengenden Mythen hervorbringen, muß auch für uns alle gelten: „Laßt die Vernunft beim Planen nicht untergehen!“

Hans-Reiner Müller-Raemisch

Zeitspiegel

1945—1985

Gesellschaft, Leitbilder, Städtebau und gesetzliche Instrumente

	Gesellschaft, Politik u. Wirtschaft	Leitbild u. Theorie u. exempl. Planungen	Städtebaul. Objekte	Städtebaul. Instrumente
1945/ 1946	In Westdeutschland ca. 12 Mio Flüchtlinge ca. 6 Mio Wohnungen fehlen Wohnungsbestand ca. 9 Mio Erste Gemeindewahlen in der US-Zone	„Kollektivplan" Berlin Scharoun	Instandsetzung von Bombenschäden, Sprengung NS-Monumentalbauten Nürnberg Wiederaufbaudiskussion Goethehaus Frankfurt/M;	Wohnraumbewirtschaftung (18 Kontrollratsgesetz), Gesetzentwürfe für eine Bodenreform
1947	BIZONE gegründet	Stadtbauplan Berlin Karl Bonatz; Wiederaufbauwettbewerbe Kassel, Hannover, Köln u.a.; Gropius: Vortragsreise in Deutschland, Planung f. Mainz (M. Lodz)	Sprengung Ehrentempel München 1946—56 Wohnhochhäuser Grindelberg i. Hamburg	Lemgoer Entwurf für Aufbaugesetze der Länder
1948	Marshallplan und ERP-Gesetz Währungsreform März 48 — Mai 49: Blockade Berlin:	R. Rainer: Städtebaul. Prosa H. B. Reichow: Organische Stadtbaukunst E. Pfeil: Großstadtforschung	Sprengung Stadtschloß Ost-Berlin	
1949	Gründung der BRD 1949—63 Kabinett Adenauer	R. Schwarz: Von der Bebauung der Erde		1949/50 Aufbaugesetze der Länder, I. Wohnungsbaugesetz: zur Erhöhung der Wohnungszahl; Änderung der Einkommen- u. Körperschaftssteuergesetze zu Gunsten von Investitionsanreizen
1950	Arbeitsbeschaffungsprogramm (Soz. Wohnungsbau 3,4 Mrd. DM) noch 2 Mio Arbeitslose		1950—80: Nürnberg-Langwasser	

	Gesellschaft, Politik u. Wirtschaft	Leitbild u. Theorie u. exempl. Planungen	Städtebaul. Objekte	Städtebaul. Instrumente
1951	Korea-Boom 50er: Wirtschaftspolitik der sozialen Marktwirtschaft = liberales Ordnungsmodell	2. Darmstädter Gespräche: Mensch u. Raum CIAM VIII 51 (Hoddesdon) fordert „CORE“ = urbane Atmosphäre als 5. Funktion	ECA-Wettbewerbe Henselmann: Berlin Stalinallee Hannover: Gutschow Kreuzkirchenviertel	1951 Wohnungseigentumsges.
1952			Vällingby, Stockholm	1952—53: Wohnungsbauprämiengesetz (Bausparen)
1953	Schuldenabkommen m. d. USA = 13 Mrd. DM als quasi Reparation		Back Bay Center Boston als City Monostruktur	Novellierung des I. Wohnungsbauges., bes. Förderung v. Eigenheimbau Bundes-Baulandbeschaffungsges.
1954		1. Einladung Deutscher zum CIAM n.d. Kriege Fourastié: Die große Hoffnung des XX. Jhdts. (deutsch)	Kreuer, Jobst, Schießer: 1. Preis Hansaviertel Reichow: Hamburg-Hohnerkamp Scharoun: Wohngehöfte Berlin-Charlottenburg (1954/56	
1955		Dortmunder Gespräch zur Kontrolle der Planungsmacht: „Die Stadtplanung geht uns alle an“		

	Gesellschaft, Politik u. Wirtschaft	Leitbild u. Theorie u. exempl. Planungen	Städtebaul. Objekte	Städtebaul. Instrumente
1956			Scharoun: Philharmonie Berlin Ab 1956 Stadtzentrum als neue Aufgabe	2. Wohnungsbaugesetz (Wohng. u. Familienheime mit breiter Eigentumsbildung)
1957	SPUTNIK-Schock befördert Bildungspolitik Vollbeschäftigung i. d. BRD Gründung der EWG	Neuauflage der Charta d'Athènes Friedmann: Paris spatial Göderitz/ Reiner/Hoffmann: Die gegliederte u. aufgelockerte Stadt	INTERBAU Berlin Aalto Gropius, Niemeyer u.a. Bremen: May, Hafemann u.a. Neue Vahr 1957—59: Theaterneubauten	
1958		F. L. Wright: Living City Hundertwasser: Verschimmlungsmanifest	Wettbewerb Hauptstadt Berlin (Spengelin) — Kaufhausbau — Beginn München-Fürstenried, Köln-Chorweiler	
1959	späte 50er u. 60er Jahre: Mittelstand drängt mit wachsenden Einkommen auf höhere Bildung für seine Kinder	Reichow: Autogerechte Stadt	1959—1964: Schwagenscheidt Nordweststadt Frankfurt/M.	
1960		Metabolisten „Wandel und Wachstum" E. Salin: Urbanität		Bundesbaugesetz, Beginn Abbau der Wohnungszwangswirtschaft

	Gesellschaft, Politik u. Wirtschaft	Leitbild u. Theorie u. exempl. Planungen	Städtebaul. Objekte	Städtebaul. Instrumente
1961	60er: Von der neoliberalen zur keynesianischen Wirtschaftspolitik 13.8.61: Berlin: Mauerbau	Bahrdt, H. P.: Die moderne Großstadt; Jacobs, J.: Tod u. Leben amerikanischer Großstädte Verflechtung u. Verdichtung	ca. 60/62: höchste Einwohnerzahl d. Kernstädte Neue Stadt Wulfen begonnen	1960: Bundesbaugesetz
1962	62—68 Babyboom 61 DM-Aufwertung z. Abwehr der Konjunktur-Überhitzung 61 Einführung der Anti-Baby-Pille	Hillebrecht/ Müller-Iboldt: Städte verändern ihr Gesicht Charta von Athen (1933) in dtsch. Fourastié: Die große Hoffnung des XX. Jahrhdts.	Düttmann, Heinrichs, Müller: Berlin Märkisches Viertel (Wettbew.) Berlin: Stadtring West fertig	
1963	63—66 CDU/FDP Kabinett Erhard Globalsteuerung d. Wirtschaft = Zyklusregelung durch Finanzpolitik	Buchanan: Traffic in towns Archigram: „Living City" Ausstellung		1963: Wohnbeihilfengesetz
1964	Bu.-Länder-Verwaltungs-Abkommen zur Förderung von Wissenschaft und Forschung, Hochschulbau Picht: „Bildungskatastrophe"	Siedler, Angress, Niggemeier: Die gemordete Stadt Lichfield: Cost-Benefit-Analysis	64—68: Zentrum Nordweststadt Frankfurt/M. 64—70: Mannheim Baubeginn Vogelstang	
1965	„Pillenknick" in der Bevölkerungskurve beginnt	Mitscherlich, A. Unwirtlichkeit unserer Städte Kevin Lynch: Das Bild der Stadt	beg. Regionalismus/ Empirismus i. d. Architektur 1965—76: Hamburg-Steilshoop	1965: 1. Wohngeldges. als Begleitung zur Freigabe der Mieten; Raumordnungsgesetz

1966—70

	Gesellschaft, Politik u. Wirtschaft	Leitbild u. Theorie u. exempl. Planungen	Städtebaul. Objekte	Städtebaul. Instrumente
1966	66—69: Kiesinger/Brandt (Schiller (SPD) Wirtschaft) Gr. Koalition		Wettbewerb Das Leben in der Siedlung (NH und BDA) Ratingen	
1967	66/67: Erste Wirtschaftskrise; 67: Stabilitätsgesetz		Planungsbeginn Congreß-Center Berlin	Sanierung Bologna 67/71
1968	Schiller: Konzertierte Aktion Höhepunkt der Studentenbewegung	Burkhard, Förderer: Bauen ein Prozeß (Prozeßhafte Planung gegen pol. Automatik) Berndt, Lorenzer, Horn: Architektur als Ideologie	Großplanungen, z.B. Darmstadt-Kranichstein	
1969	Erste Mondlandg. Bildungsrat beschließt Versuch m. Gesamtschulen + Hochschulbauförderung = 20 Mio. Wohng. doppelt soviele wie 1950. Im Wo-Bau effektive Kosten versiebenfacht. 1/2 d. Bevölkerung wohnt in Neubauwohnungen 69—74: Brandt-Kabinett Finanz.: Schmidt Wirtsch.: Friedrichs 1 Mio Wohnungen angeblich abbruchsreif, 800.000 Haushalte in Baracken	Albers: Das Wesen der räuml. Planung StBW 21 Systemtechnik (= Planung in scheinbarer Komplexität)	Erskin, R. New Byker (New Castle upon Tyne) HH-Steilshoop ab 1969: 1. Beschluß Sanierungskonzept Osnabrück Bausystem „Meta-Stadt" Wulfen, 68—70: HD-Emmertsgrund	Finanzreform Städtebaubericht der Planung
1970		Sieverts: Zur Theorie der Stadtgestalt		

1971—75

	Gesellschaft, Politik u. Wirtschaft	Leitbild u. Theorie u. exempl. Planungen	Städtebaul. Objekte	Städtebaul. Instrumente
1971	Städtetag München: „Rettet unsere Städte jetzt“ Planungsmethoden beginnen Leitbilder zu verdrängen	Mitscherlich, A. Thesen zur Stadt der Zukunft	Wettbewerb Kassel-Dörfle 71—74: Blockbebauung Vinetaplatz (Kleihues), 71—75: Mannheim, Herzogenried-Park Elementa-Wettbewerb	Städtebauförderungsgesetz 1. Umweltprogramm der BRD
1972	72—74: Krise der Bauwirtschaft; Wohnungshalden 72—76: Stadtteilentw.-Pläne zur Konsolidierung des Bestandes an Wohnungen	Meadows: „The Limit to Growth“ (Club of Rome)	72: Office-Metropol.-Architecture-Ausst. (OMA) Sprengung Pruitt-Igoe = Beginn der Postmoderne? (Charl. Jenks) Städtebaul. Planung Regierungsviertel Bonn	72—75: 1. Wohnraumkündigungsschutzgesetz Abfallbeseitigungsgesetz
1973:	Bevölkerungszahl Höchststand, seitdem Rückgang; Ölschock, Beginn d. Wirtsch.-Krise Hausbesetzungen in Ffm.	Apel: Stadtstraßen DIFU gegründet Rossi, A.: Die Architektur der Stadt	Integra-Wettbewerb	
1974	74—82: Kabinett Schmidt Apel / Friedrichs / Lambsdorff 74—76: 2. Wirtschafts-Krise: Erste Zweifel a.d. Wachstumseuphorie	Trieb: Stadtgestaltung Ch. Moore: Place of houses	Wohnungshalde 300.000 WE	Bundesprogramm u. Städtebauförderungsges. (mittelfristg. Finanzplg.)
1975		Rob Krier: Der Stadtraum in Theorie u. Praxis Leitbild der „vormodernen“ Stadt entsteht	Hämer: Sanierung Block 118 Berlin (Erhaltende Erneuerung)	Denkmalschutzjahr, Städtebauber. Wohnumfeld Verabschiedg. Bundesraumordnungsprogramm

	Gesellschaft, Politik u. Wirtschaft	Leitbild u. Theorie u. exempl. Planungen	Städtebaul. Objekte	Städtebaul. Instrumente
1976	Bisheriger Tiefstand d. Wirtsch.-Wachstums	Gruhl: Ein Planet wird geplündert	Autobahnüberbauung Berlin	BBauG-Novelle m. Satzungsinstrumenten: § 39a-h (Gebote) Wohng. Modernisierungsges. Bürgerbeteiligung nach BBauG
1977	Buback, Ponto, Schleyer Ermordg., Mogadischu; Selbstmord Stammheim-Terroristen	Charta v. Machu-Picchu: Integration der Funktionen	77/78 Ausstellg. „Hamburg-Bau" mit Stadthäusern	Wohnungsmodernisiergs.- u. Energiespargesetz
1978	ZIP = Investitionsprogr. der Bundesregierung 30 qm Wohnfl./E. = 1,7 Räume/E.	Venturi: Komplexität u. Widerspruch in der Architektur	78/80 S. Quentin en Yveline, Bofill Calwer Passage Stuttgart	76/80 Wohnungspolitik, breite Streuung von Eigentum u. Qualitätsverbesserung II. Wohnraumkündigungsschutzges.
1979	Zweite Energiekrise	Venturi: Lernen von Las Vegas (engl. 1972)	79/84 Nürnberg-Langwasser Vorbereitg. z. IBA Berlin Dtsch. Architektur Museum Ffm. gegründet	Beschleunigungsnovelle BBauG
1980	Geg. 1960 Steuereinnahmen des Staates verzehnfacht, aber Zinsen u. Tilgung f. Staatsschulden = 15 x so hoch Hausbesetzungen u. -räumungen in Berlin	Bloomer, K.C./ Moore, C. W. Architektur f. d. einprägsamen Ort Biennale in Venedig zeigt Ideenbereich d. Postmoderne	Rob. Krier, u.a.: Ritterstr. Berlin IBA	84: Städtebauförderungsgesetz Novelle

	Gesellschaft, Politik u. Wirtschaft	Leitbild u. Theorie u. exempl. Planungen	Städtebaul. Objekte	Städtebaul. Instrumente
1981			documenta urbana in Kassel, Wiederaufbau Römerberg Ffm.	
1982	Kabinett Kohl (CDU/CSU/FDP-Koalition) Im Wohnungsbau nur noch 60% Bauvolumen gegenüber 1960			
1983	Vorgezogene Wahlen zum X. Dtsch. Bundestag Kabinett Kohl bestätigt, Grüne erstmals im Bundestag		O. M. Ungers Messebau 9 mit Galerie, Messetorhaus i. Ffm. Modellprojekt flächen- u. kostenspar. Wohnungsbau	
1984	Die Diskussion um die „neue Armut i. d. BRD"	Rowe/Koetter: Collage City (Original 1974)	Rob Krier Stadtvillen Rauchstr. Berlin	Novelle zum Städtebauförderungsges.
1985			Frankfurter Museumsbauten u. Kulturschirn IBA-Bauten Berlin Museumsbauten in vielen Städten	Wohnrecht-vereinfachungsgesetz

Bildnachweis: S. 21 u.: Neue Bauwelt 24/1948 / u.: Stadt Frankfurt a.M.
S. 21 o.: Durth, Gutschow Träume in Trümmern, Braunschweig 1988. o.: Hochschule Weimar 1947.
S. 24 Wandersleb, Neuer Wohnbau, Ravensburg 1952
S. 24 u.: 26/27 Durth a.a.O
S. 28 Neue Bauwelt 10/1946
S. 29 Baumeister 5–7 1948
S. 30 o.: Durth a.a.O.; u.: Archiv Müller-Raemisch (AMR)
S. 31 Durth a.a.O.
S. 32 Neue Bauwelt 48/1947
S. 33 Neue Bauwelt 47/1950
S. 34 Architektur und Wohnform 1/1949
S. 36 o.: Spenglin u.a. Wohnen in den Städten, Hannover o.J.; u.: AMR
S. 37 AMR
S. 38 Spengelin a.a.O.
S. 39/40 Göderitz, Rainer, Hoffmann, Die Gegliederte und aufgelockerte Stadt, Tübingen 1957
S. 45/46 H. Hoffmann, Graz
S. 48 H. Hoffmann
S. 51 AMR
S. 57 Senat Berlin
S. 60/61 J. Lehmbrock, Düsseldorf
S. 63/64 o.: AMR; u.: Deutsches Architektur Museum (DAM) 1986
S. 65 Bauwelt 9/1963
S. 66/67 AMR
S. 68/69 Senat Berlin
S. 70/71 Stadt München
S. 72/73 Senat Berlin
S. 75/77/79/80 Müller-Raemisch (MR)
S. 81/82/83 Senat Berlin
S. 95 Senat Berlin
S. 104 AMR
S. 105/106 R. Krier Der Stadtraum, Stuttgart 1975
S. 117/118/119 Senat Berlin
S. 120 Stadt München
S. 121 Senat Berlin/Stadt Frankfurt
S. 122 Stadt Frankfurt
S. 123 AMR
S. 137 DAM (Internationale Bauausstellung 1987)
S. 142/143 DAM 1986
S. 144 Rowe, Koetter, Collage City, Basel 1984
S. 147 Ders. a.a.O.
S. 148 DAM 1986
S. 149/150 AMR; Bauwelt 33/1986
S. 151 R. Krier a.a.O.
S. 152 Senat Berlin
S. 153 Bauwelt 47/1986; AMR
S. 154 R. Venturi, Learning from Las Vegas, MIT 1978
S. 155 DAM 1986
S. 158/159 Stadt Frankfurt a.M.
S. 160/161 AMR/Stadt Frankfurt a.M.
S. 162/163/164/165 o.: AMR/ u.: Stadt Frankfurt a.M.
S. 168 AMR
S. 169 DAM 1986
S. 170 AMR
S. 171 DAM Vision der Moderne
S. 177 s. S. 145
S. 178 AMR
S. 179 Sen. Berlin (Idee, Prozeß, Ereignis)